T0370065

El arte del liderazgo comercial

IOSU LÁZCOZ

El arte del liderazgo comercial

Claves para vender en entornos
altamente competitivos

℘

ALMUZARA

© Iosu Lázcoz, 2024
© Editorial Almuzara, s.l., 2024

Primera edición: octubre de 2024

Editorial Almuzara • Colección Economía y Empresa
Edición de Javier Ortega
Corrección: María Posadillo

www.editorialalmuzara.com
pedidos@almuzaralibros.com - info@almuzaralibros.com

Editorial Almuzara
Parque Logístico de Córdoba. Ctra. Palma del Río, km 4
C/8, Nave L2, n° 3. 14005 - Córdoba

Imprime: Romanyà Valls
ISBN: 978-84-10521-84-1
Depósito Legal: CO-1543-2024
Hecho e impreso en España - Made and printed in Spain

A mi inseparable compañera de viaje, Yolanda.

A mi madre, mi gran maestra.

A los vendedores y directores comerciales que luchan cada día, contra viento y marea, venciendo a los elementos.

Índice

Prólogo

Vender por los poros de la piel. Transpiración. Seducción. Resiliencia. Soltura. Matar, matar, matar. Las ventas hay que matarlas dando mucha vida al cliente. Lo que tienen en sus manos no es el libro de un vendedor, sino la obra de un apasionado de las ventas. Alguien que te deja la sensación de que realmente ha vivido cada párrafo que ha escrito. Normalmente, en una empresa hay que «vender, producir, cobrar con margen, y hacerlo todo lo antes posible». Es cierto que hay modelos de negocio que tienen variaciones, pero el orden del producto no altera el resultado final. Vendemos para aportar valor a nuestros clientes y capturar una parte de este valor. Drucker decía que la misión de una empresa es crear clientes. Crearlos, fidelizarlos y deleitarlos. Aportarles una confianza que uno espera que esté basada en la autenticidad de las personas y de los productos o servicios. Hambre de vender, pero, también, de conocer los detalles, las razones de aquello que vendemos. A mayor singularidad de producto, mayor consistencia argumental y capacidad de síntesis. Para vender no necesitamos resúmenes, sino síntesis orientadas y el esfuerzo para ir más allá de las oportunidades generadas, alcanzar las oportunidades concretadas, realizar ventas con margen. Perseverancia. Resiliencia. El don de rematar una venta y poner las bases para fidelizar al cliente.

Los vendedores son piezas clave de una empresa. No solamente se convierten en la ignición del modelo de negocio, sus ojos son fundamentales, así como su capacidad de escuchar lo que el cliente no nos cuenta. Las aportaciones de los vendedores, sus famosos *insights*, son esenciales para mejorar los productos y para proveernos de inspiración a la hora de innovar. Su cercanía a las lógicas de innovación es importante, tanto como su capacidad de observación con ojos y datos (por favor no olviden la mirada). Los buenos vendedores saben compaginar el corto plazo, ya que de sus ventas se sostiene el negocio, con el medio plazo; tienen que aportar indicios, corazonadas, observaciones que permitan inspirar los productos y los servicios del futuro. Si los comerciales de una empresa no compran sus innovaciones, no las trasladarán con convicción a los clientes y tenderán a protegerlos. La relación del equipo comercial con los equipos de innovación es esencial. Innovar es vender lo nuevo, aquello que es capaz de responder a las necesidades, problemas o aspiraciones que a menudo el cliente no nos sabe explicar.

Una empresa es una comunidad de personas que transita desde un propósito a un legado. En esta trayectoria hay que crear valor para los clientes. La clave está en ser consistentes, evolucionar con ellos y servirles el futuro caminando medio paso por delante. Encontrar el punto exacto donde los clientes compran futuro a través de nuestros nuevos productos es muy difícil. Para ello, la perspectiva de los comerciales es importante. Pisar la calle, mirar a los ojos, escuchar y comunicarse con la empresa. Un buen vendedor no solamente es el que sabe vender los productos de hoy con fluidez y margen, también es aquel que nos da las pistas de por dónde debemos mejorar e innovar los productos del mañana.

Me ha gustado especialmente la empatía de largo alcance que Lázcoz defiende en este libro. Saber ponerse en la piel del cliente rápido con el fin de tener argumentos para la venta, pero, también, para acompañarlo después. Muchas veces el vendedor es la cara de la empresa, el interlocutor de confianza, y es normal que sea la primera puerta a la que llamar. Siempre defiendo que debemos llevar en nuestra mochila tres herramientas clave: la empatía, la humildad y la sencillez. Los empáticos venden mejor que los simpáticos. No es cierto que los arrogantes ni los sofisticados lo hagan mejor. Cuando hay empatía, humildad y sencillez auténticas, creamos una relación especial con nuestro cliente, porque, si bien es cierto que necesitamos cerrar nuestra venta, también lo es que queremos fidelizarlo y llevarlo a ese espacio de confianza donde vamos a responder con consistencia (evolucionar con él y servirle el futuro medio paso por delante).

Por último, añadiré algo que comparto con el autor: sin pasión nada sucede. Pero debe ser una pasión fundamentada, sin teatro, auténtica. La pasión y la autenticidad son armas maravillosas para vender y para construir cualquier cosa que valga la pena en la vida.

Uno de mis profesores más recordados de ESADE fue Josep Chías. Escribió un librito breve e inspirador: «El mercado son personas». De eso se trata, de pasión, autenticidad y respeto a las personas; con esos mimbres se es mejor vendedor y, seguramente, mejor persona.

Agradezco mucho a Iosu Lázcoz poder prologar su libro. He aprendido y he disfrutado. A los lectores del mundo comercial les gustará la pasión y la consistencia del autor. A los no tan duchos en las lides de vender les abrirá la mente de un vendedor nato, inteligente, con capacidad de levantar la mirada y entender los contextos de la venta, de los clientes y de la empresa. Iosu Lázcoz nos aporta su experiencia y la aliña bien con referencias y citas de sus autores preferidos. Vender bien es muy difícil. Este libro es una reivindicación de esta profesión. Los vendedores me merecen un respeto extraordinario, lejos de los charlatanes con los que, a veces, se confunden. Ser vendedor hoy requiere de cultura y capacidad para enfrentar la complejidad desde la resiliencia.

Espero que este libro les sea tan útil e inspirador como lo ha sido para mí. Mi trabajo también es vender, sentir este dispositivo interior de cuando cierras una venta justa que será la antesala de aportar valor real al cliente. Vender es crear una relación, y las relaciones hay que cuidarlas. Esta obra tiene una visión integral de este oficio. Una visión empapada de experiencia como vendedor y fundamento como pensador de ventas. Esta pasión ha llevado a Iosu a formar a muchos profesionales, a crear un método propio y a ser una verdadera referencia. Iosu escribe desde dentro, no de oídas o solamente de lecturas, y eso se nota. Todo ello lo encontrarán en cada frase.

Iosu, muchas gracias por esta aportación al *management,* con ella ayudarás a mucha gente, y gracias, también, por darme la posibilidad de formar parte de tu libro.

Xavier Marcet Gisbert.
Presidente de Lead To Change.

Introducción

Mi primera venta aconteció cuando tenía seis años. En aquel momento, no fui consciente de lo que había sucedido. El comprador fue un compañero de clase y el objeto de la transacción un paquete de galletas *Chiquilín*. Tenía de sobra en mi mochila y bien podría habérselas regalado, pero decidí vendérselas. Ya entonces, sin saberlo, había elegido trabajar en este sector cuando fuera mayor. Con los años me he preguntado por qué escogí aquella opción, y encontré la respuesta en mi madre. Ella era dependienta en unos grandes almacenes en Pamplona y me contaba muchas historias sobre sus ventas. Lo hacía con tanta pasión que sus ojos se llenaban de brillo. Aquello debió influenciarme tanto que, veintidós años después, tomé la determinación de realizar unos estudios de posgrado relacionados con esta materia.

Ese 1998 tuve claro que me iba a dedicar a una profesión en la que las relaciones humanas se antojaban necesarias. Esto encajaba perfectamente con mi facilidad para interactuar con las personas. Transcurridos veinticinco años, sigo pensando lo mismo: las ventas versan sobre los vínculos interpersonales y no sobre los automatismos.

Han pasado ya doce meses desde la publicación, en este mismo sello, de *Cómo ser el mejor vendedor del mundo. El método Sell*

15

It. Estamos en julio de 2023 y me encuentro en un entorno que invita a la reflexión y a la escritura. El mar es mi inspiración. Es el momento propicio para seguir aportando contenidos relacionados con un oficio que adoro y que he abrazado desde niño. Un año es mucho tiempo y puedo decir, como en la famosa fábula de Teseo, que ya no soy el mismo. Posiblemente, sea alguien más completo que ayer, pero menos que mañana. Las ventas impregnan cada minuto de mi vida, tanto en mi faceta profesional como en la personal. Las veo por todas partes y medito continuamente sobre lo que me sucede en clave comercial.

De los cinco libros que he escrito, ahora ve la luz mi tercera publicación dedicada a esta materia. Una nueva obra que ha nacido de todas esas vivencias compartidas con los compañeros con los que he tenido la suerte de trabajar durante este último periodo. Sois vosotros, mis lectores, los que me animáis a seguir escribiendo con vuestros testimonios. Siento que mi experiencia sirve de ayuda, no solo a los que ejercéis como vendedores y directores comerciales, sino también a los que incorporáis esta actividad dentro de vuestro plan de mejora en el ámbito laboral. Este libro surge, precisamente, de esas reflexiones y aprendizajes, y de todas las interacciones realizadas con quienes han cursado el Método Sell It. Cuando empecé a escribir sobre este mundo, tenía el pleno convencimiento de que sería interesante transmitir todo mi conocimiento con el fin de ayudar a los equipos del sector a convertirse en verdaderos expertos.

Quiero reivindicar esta profesión que, aunque no requiere ser dignificada, sí que merece ser dada a conocer. Mi trayectoria como organizador de congresos, doce para ser exactos, me reafirma en tal idea. De hecho, consideramos que poner en valor la medicina, ingeniería o arquitectura, por citar algunas disciplinas, resulta del todo innecesario. Sin embargo, aunque entendemos que profesionales malos los hay en todas partes, pensamos que, mientras una equivocación médica puede costarle la vida a alguien, o el fallo de un arquitecto puede hacer que una casa se venga abajo, o incluso que el mal trabajo de un ingeniero comprometa la estabilidad de un puente, el error en la gestión de una venta no reviste gravedad alguna. Pero lo cierto es que, al fin y al cabo, a todos nos toca asumir las consecuencias de nuestros actos. Por eso, pensar que nuestro trabajo necesita ser dignificado significa aceptar, subrepticiamente, que tienen un estatus de inferior categoría. Y esto, sencillamente, es falso. Parece mentira que una actividad denominada ventas se venda tan mal.

Esta obra recoge reflexiones actuales sobre nuestro oficio y situaciones acontecidas en este último año, donde se intenta destacar la importancia del humanismo. El factor humano corre el riesgo de ser arrinconado por bytes y más bytes de información que circulan en un mar de datos. Transformación digital y humanismo parecen un oxímoron, pero no existe un momento mejor que el presente para que se hibriden. Una empresa que aspire a tener futuro tiene que conocer sobre qué trata esta materia; debe saber distinguir los límites entre la tecnología y las personas, y dirigir su foco hacia estas últimas. No somos máquinas. Tratar al vendedor como un simple receptor de comandos es una temeridad que aboca a las empresas a un aumento en la rotación de su personal.

Nuestra actividad ha sufrido más transformaciones en los últimos cinco años que en los veinticinco precedentes. Ha cogido con el paso cambiado a cientos de equipos comerciales. La complejidad de nuestra profesión ha aumentado de manera exponencial y la claridad de rol ha menguado en proporción inversa. Confundimos venta digital con venta híbrida, digitalización con transformación digital, y abrazamos lo tecnológico desterrando todo conocimiento anterior, que suele ir etiquetado como «antiguo».

Hay un árbol autóctono del sur de China que se llama *Long Su*. Sus raíces cuelgan en el aire. Cuando crecen lo suficiente, llegan a tocar el suelo y, desde ahí, nace otro ejemplar. El nuevo no destruye al anterior, sino que se desarrolla a su lado. Sus ramificaciones siguen conectadas al árbol de origen. Se crea un ecosistema nutritivo para ambos. El poeta T.S. Eliot escribió:

«Una persona verdaderamente creativa percibe no solo la actualidad de su pasado, sino también la presencia de este»

Caminamos en una sola dirección. Como afirma el psiquiatra estadounidense Daniel J. Siegel, avanzamos exclusivamente hacia adelante en lo que llama la «flecha del tiempo». A esta dimensión, le asignamos un carácter lineal, no circular. Desterramos lo viejo y abrazamos lo nuevo sin reservas. Miramos solo al frente, sin volver la vista atrás y sin interés por instruirnos en lo que los maestros de las ventas, filósofos de otras épocas y psicólogos modernos, nos puedan enseñar. ¿Qué vamos a aprender de un chino de hace más de mil años sobre este arte? Solo validamos lo reciente y lo que está por venir. Consumimos lo novedoso como lo haríamos con un sabroso chuletón. Nos volvemos ansiosos por el futuro y desterramos las enseñanzas del pasado.

A las empresas se les acumula el trabajo. A los debes de la formación en ventas se le suma ahora todo lo digital. Los formadores y consultores debemos actualizarnos constantemente si de verdad queremos ayudar a nuestros clientes. Los contenidos con los que ya contábamos deben ser complementados y reforzados con los descubrimientos que la ciencia está arrojando. Mis alumnos se sorprenden cuando les muestro disciplinas que nunca habían sospechado que les enseñaría. Un verdadero profesional no solo debe poseer una estructura eficiente de su proceso comercial, sino que tiene que contar con conocimientos acerca de las distintas ramas de la psicología, tanto sobre la naturaleza humana como en lo referente a su proceso interno a la hora de tomar una decisión. Las ventas tratan sobre relaciones y resortes psicológicos que moldean nuestra conducta. Queremos influir para ayudar, no actuar sobre el cliente para manipularlo en un juego en el que solo gane una parte. Vender es mucho más y, por supuesto, es una destreza mucho más compleja y desconocida de lo que pensamos.

Como dije al principio, hoy me siento más completo. Percibo que estoy recorriendo un sendero que nunca acaba. Soy consciente de los avances, pero también sé que aún me quedan muchos pasos por dar. El trayecto es largo, mas no estoy solo, os tengo a vosotros. Pretendo caminar y mejorar en mis objetivos profesionales para, desde ahí, poder ayudar mejor a mis clientes. Una de las reflexiones en las que más han coincidido mis alumnos es esa introspección a la que te lleva el Método. Afirman que les ha permitido conocerse más y poder aplicar las herramientas que antes permanecían dormidas. Y esto me lleva al siguiente gráfico. Se trata del recorrido que deben transitar todos los vendedores que van en busca de la excelencia.

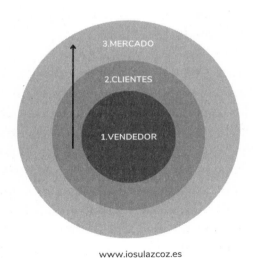

www.iosulazcoz.es

Figura 1.

Tradicionalmente, se ha dado poca importancia a la parte mental del vendedor; se le ha considerado un simple medio para alcanzar un fin. Para ello ha recibido instrucciones, se ha medido su rendimiento y, sin preguntarnos los porqués, ha actuado según lo esperado. En la pared del despacho que Einstein tenía en el Instituto de Estudios Avanzados de Princeton colgaba un cartel que rezaba: «No todo lo que cuenta puede ser contado, y no todo lo que puede ser contado cuenta». Se nos ha tratado como si fuéramos androides. Como adultos que somos, ya debemos venir motivados y llorados de casa. Esta despersonalización de las relaciones humanas ha llevado a que los negocios tengan pérdidas millonarias, estando más centrados en conseguir clientes nuevos que en mantener los actuales y sustituyendo al personal que no funciona. Creemos que el mercado es infinito y que los buenos comerciales abundan. Pero esto no es así. Por eso, las empresas nos solicitan, al equipo de Ventas Híbridas, candidatos que cumplan con requisitos cada vez más elevados. Estas no ponen el foco en fidelizar a ninguna de las partes. Obviamente, el coste de esta estrategia es enorme.

Los clásicos entornos VUCA, de los que luego hablaré, están más presentes que nunca. La complejidad del tema nos sumerge en un mar de dudas y de confusión. Cada vez tenemos más frentes abiertos y no llegamos a cerrar ninguno. Cuanto más grande es la organización, más se dilatan los mecanismos de decisión, mayor es la especialización y menor es la interconexión de los departamentos. Surgen figuras que ralentizan mucho el proceso. El problema de la procrastinación hace que la volatilidad sea muy alta y que los puntos que se habían tratado en un presupuesto, cinco meses después, ya necesiten incorporar otros nuevos. Los recursos propios son insuficientes para poder abordar los enormes cambios que, en materia de transformación comercial, hay que acometer.

Mi trabajo como formador y consultor me ha permitido conocer la situación de muchas empresas; todas con necesidades muy similares. Carencias que abordaré en este libro desde diferentes perspectivas. Los vendedores tienen aspectos conductuales y competenciales muy distintos a los que requiere un director comercial. Los encargados de motivar y dirigir equipos precisan de herramientas para hacer su trabajo. La selección correcta de ambos puestos redundará en una mayor claridad a la hora de diseñar una estrategia que les permita alcanzar los objetivos que persigue cada negocio. Dentro de esta profesión existen diferentes perfiles con funciones específicas distintas. Pensar que el vendedor vale para todo y que puede desempeñar distintos roles dentro de la función comercial es un error frecuente, del mismo modo que lo es creer que esta actividad es una tarea que se desarrolla en solitario.

El reto al que se enfrentan las empresas en áreas como la formación, la transformación digital, los cambios en las relaciones humanas, la fidelización, la gestión de la información, agilización de procesos, interconexión y competitividad, por citar algunas, es de gran envergadura. El cambio no espera a los rezagados.

Esta obra pretende tratar todos estos temas desde mi experiencia y la de mis clientes. No representa mis opiniones subjetivas, sino mis vivencias. Convertir a los vendedores digitales y a los analógicos en profesionales híbridos es un destino hacia el que nos dirigimos irremediablemente, nos guste o no.

Por último, quisiera agradecerte la adquisición de este ejemplar, esperando que te aporte una nueva visión sobre lo que son las ventas.

1. El Vendedor

SELECCIÓN

Es un hecho, por todos conocido, que seleccionar buenos vendedores es muy complicado. Es tremendamente difícil acceder a los unicornios de las ventas. Todos queremos profesionales de primera fila, pero el lugar donde se encuentran y lo que estamos dispuestos a pagarles son ya harina de otro costal. Es importante señalar, tal y como he comentado en más de una ocasión, que estos no valen para todas las funciones que necesita la empresa, la cual, incluso puede desconocer qué competencias en concreto debe poseer el candidato al puesto. El resultado es que, al final, nuestro recién incorporado empleado, menos la compra, hace de todo: atender incidencias, realizar entregas, crear cartera nueva, gestionar la existente, aumentar la venta cruzada, asistir a ferias, lanzar presupuestos, solucionar problemas de pedidos defectuosos, supervisar instalaciones, etcétera. Todo un despropósito que se expresa en una productividad limitada. No podemos olvidar que lo contratamos para hacer precisamente eso: vender.

Para seleccionar el perfil que necesitamos se emplean diversas herramientas. Tanto la Dirección Comercial como la de Recursos Humanos deben colaborar estrechamente en el proceso. Veamos una de las herramientas que utilizamos en el equipo de Ventas Híbridas para ayudar en esta selección. Se trata de la metodología DISC. El procedimiento que seguimos es el siguiente:

1. Recursos humanos publica su requerimiento en la plataforma elegida.
2. Pedimos a nuestro cliente la definición del puesto de trabajo a cubrir. Funciones, responsabilidades y objetivos figuran en este documento. Suele ser el Departamento de Recursos Humanos el que lo facilita.
3. El director comercial rellena el Perfil Objetivo Puesto (POP) mediante un test DISC que se le envía.
4. El candidato completa un test DISC que es cotejado con el POP.
5. Se le presenta otro test: evaluación de competencias.
6. Se realizan entrevistas por parte de la Dirección Comercial.
7. Se selecciona al candidato.

Pondré algunos ejemplos relacionados con la metodología DISC de la que también hablo en mi anterior libro.

Si a un perfil «C», orientado a los procesos y a las tareas, lo envías a abrir zona, donde se requiere una alta interacción, lo más seguro es que lo quemes más pronto que tarde.

Cuando a un perfil «I», enfocado a los retos y a las personas, le pides que registre toda la información de sus vendedores, redacte informes, cree hojas Excel y le solicitas, además, que se asegure de que su equipo cumpla los protocolos, estarás desaprovechando las virtudes que ese perfil puede aportar a tu empresa, ya que es muy bueno consiguiendo clientes nuevos en zonas no exploradas. Les encanta relacionarse y, si no están en contacto con las personas, sufren.

Sucede lo mismo si a un perfil «D», dirigido hacia los retos y a las tareas, le sitúas en el Departamento de Atención al Cliente. No quiero ni imaginarme las escenas que se pueden llegar a producir. Antes o después, según el estado de estrés del «D», este puede estallar profiriendo exabruptos varios a nuestros clientes.

Uno de los principales problemas a los que se enfrentan las empresas es acceder a los cada vez más escasos vendedores profesionales. ¿Dónde están? ¿Cómo accedo a ellos? No voy a reinventar la penicilina. Seguro que conoces todos los medios. Haré un ejercicio que, no por obvio, es practicado:

1. Anuncios de prensa: Esto ya es casi una cuestión del pasado, aunque algún despistado todavía piense que funciona. En mi caso nunca ha sido así. La empresa se gastaba un dineral en anuncios de prensa escrita y recibía muy pocos candidatos. No todo el mundo quiere trabajar en este sector.
2. Anuncios en InfoJobs: En este caso, la cantidad aumentaba, pero no se veía reflejada en la calidad. Es mi experiencia y la de mis clientes. Estamos hablando de profesionales de nivel. Esos no se anuncian aquí.
3. Empresas de trabajo temporal: Mediante criterios marcados por la empresa, te envían una serie de candidatos. Si estos no funcionan en un plazo determinado, te mandan más aspirantes sin cargo. Los vendedores de primera en búsqueda de trabajo (situación poco frecuente) no acuden a este canal.

4. Head Hunters: Estos cazatalentos (no todos) tienen una red profesional de contactos muy extensa y de calidad. Cobran un porcentaje por candidato elegido. La selección la realizan expertos en el ámbito de búsqueda, no generalistas. Esta opción es muy válida para mandos intermedios, puestos de dirección y vendedores profesionales. En el caso de Ventas Híbridas, lo hacemos para estos dos últimos perfiles.
5. Boca a oreja: Es uno de los medios más fiables y utilizados. Está muy relacionada con la anterior. Quien proviene de este sector conoce a profesionales de garantía que puedan cubrir el puesto. El ahorro económico es muy considerable.

Metropolitan Life, la empresa de seguros de vida de Manhattan, perdía setenta y cinco millones de dólares anuales a finales de los ochenta. Cada vendedor representaba una inversión de seiscientos dólares. Solo realizaban un test a los candidatos: el de aptitudes. Acudir a fuentes equivocadas puede representar una pérdida económica muy importante. Calcula lo que te cuesta una rotación en un departamento comercial y la cantidad de dinero y oportunidades que deja de ganar tu negocio, ahora mismo, por no tener en tus filas al perfil que necesitas. ¿Cuánto tiempo puedes aguantar así?

En multitud de procesos de selección me he encontrado con candidatos que exponían todos sus años de experiencia con orgullo. Eso no está nada mal, pero no es suficiente. A algunos de ellos los contraté. Eran profesionales con una trayectoria muy larga. Sin embargo, sus resultados no les acompañaron. Todos ellos tenían una característica en común: habían perdido el instinto y la ilusión por vender. Su mirada estaba contaminada por los malos hábitos y las excusas. No encontraban oportunidades, sino dificultades. No mostraban hambre para comerse el mercado y sí una capacidad asombrosa para construir complejas estadísticas que justificaran sus malos resultados. Yo lo percibía. Eran ya muchos años realizando entrevistas. También escogí a séniores por encima de los cincuenta y cinco años, incluso alguno con sesenta y dos años, con la misma trayectoria. Ellos sí vendían. De hecho, no encontré ninguna disimilitud entre estos veteranos y un joven recién aterrizado en este hermoso oficio. La diferencia entre los dos grupos no era la edad, sino la actitud. El segundo grupo irradiaba ganas y energía positiva. Llamaban y llamaban. Se reunían y vendían. Por otro lado, seleccioné personal de veinticinco años sin ninguna experiencia y tuvo éxito, al igual que el que provenía de otros sectores. La edad no es lo importante y, aunque la experiencia es un grado, si a esa variable no le sumas la actitud, no vendes. Siempre he tenido la mente abierta a elegir las ganas, no la edad. Y los años me han dado la razón. Lo más valioso, lo más relevante que debe poseer un buen profesional es su motivación intrínseca. Le pertenece a él. Es una fuente de energía enorme que no se compra en la tómbola ni en ningún curso especializado. La tienes o no la tienes. La calle te encumbra o te hunde. Créeme, si te digo que eso se nota.

La selección no es un asunto menor. Hacerlo bien repercute en tu cuenta de resultados de manera notoria, de lo contrario puede ocasionarte pérdidas económicas entre el reclutamiento, la formación y el seguimiento.

CONSEJO

Tómate el tiempo necesario a la hora de hacer crecer tu equipo de ventas. Investiga y pide referencias. Hay mucho dinero en juego.

CAPACITACIÓN

A. ELEMENTOS QUE COMPONEN UNA FORMACIÓN EXCELENTE

Hay varios factores que conforman una formación de calidad según mi criterio y experiencia. Este primer semestre de 2023 ha sido muy intenso en cuanto a cursos y conferencias. Disfruto mucho cuando lo hago y se me nota, como atestiguan mis alumnos. He meditado sobre qué es lo que me está funcionando a mí y a mis clientes. Te traigo una reflexión sobre los caminos que me han traído hasta aquí. Lo hago por si te sirve de ayuda a la hora de contratar un formador.

Empecemos enumerando los aspectos que considero más importantes:

1. ETHOS

Para mí es la parte fundamental de la retórica política aristotélica. Lo que has hecho anteriormente te confiere autoridad. Es uno de los principios de influencia más importantes. El formador debe mostrar la suficiente experiencia y dominio de la materia como para poder impartirla con solvencia. Su trayectoria es muy relevante en este punto. Los vendedores respetan a quien está en su mismo lado y ha recorrido muchos kilómetros como ellos; alguien que habla su mismo código y que conoce todas las excusas. Es un profesional más. Para formar en esta materia debes, no solo haber sido uno de ellos, sino vibrar con la palabra cada vez que la escuchas. El dinero es una consecuencia de un trabajo realizado, pero nunca es el objetivo. Quien enseña, debe tener una meta irrenunciable: ayudar a sus alumnos a ser los mejores.

2. CONTENIDO

El contenido debe estar enfocado a servir a los alumnos en un escenario que poco se parece al de hace cinco años. Hay fundamentos que nunca caducan, pero no son en absoluto suficientes en un entorno cada vez más híbrido y exigente. Seguimos empeñados en enseñar lo de siempre: venta consultiva, técnicas de cierre, tratamiento de objeciones, negociación... ¿Acaso no hemos avanzado nada desde hace cuarenta años? Esta profesión ha evolucionado; escenarios diferentes demandan contenidos nuevos. Si ya andamos retrasados en la implementación de los descubrimientos que la neurociencia y la psicología arrojan, no te quiero ni contar dónde estamos respecto a un concepto como el de «transformación digital». Si no sabemos qué es ni qué implica, ¿cómo lo vamos a introducir en nuestras empresas?

3. EL ALUMNO ES UN ELEMENTO CLAVE

Es quizás la pieza más importante de este puzle. Si realiza la formación porque le obliga la empresa, o muestra una actitud prepotente y piensa que nada nuevo puede aprender, o si el alumno pasa por un estado emocional complicado... Entonces, ya puedes ser el mejor formador del mundo que lo más seguro es que no funcione.

Los vendedores que destacan no dejan su desarrollo profesional en manos de terceros; no ingresan en la cola de las excusas, sino que invierten en ellos de manera continua. Sus resultados son el más fiel reflejo de ello. Si no creces, te estancas. Tener una mentalidad abierta y no prejuzgar es muy importante para que los contenidos cuajen. Os dejo esta frase de uno de los grandes polímatas de la historia, el inglés del siglo XVI, Francis Bacon:

«Quisiera vivir para estudiar, no estudiar para vivir».

4. CON LOS CONTENIDOS NO ES SUFICIENTE

En cierta ocasión, Jordi Vila Porta, un formador de primera, ante mi pregunta sobre si no tenía miedo a que copiaran su material en las Escuelas de Negocio, me respondió: «Iosu, hay algo que no se puede replicar, y ese eres tú».

Y esta es la parte más importante. Impartir solo la materia a estudiar hace al formador prescindible al no aportar más valor que Wikipedia o cualquier otra búsqueda en Google. Los contenidos, y así lo demuestra la neurociencia, si no van acompañados de emociones, no se retienen. Estudios de la Universidad de Harvard concluyeron que las temáticas aprendidas en una carrera se olvidan, en un ochenta y cinco por ciento, en los primeros tres meses después de concluirla. Una formación solo teórica no es suficiente. El instructor debe influir en los alumnos para producir un cambio o, de lo contrario, volverán a su estado inicial, el «Set point», según los psicólogos. Para que se forme la memoria a largo plazo es preciso que se fabriquen determinadas proteínas. Estas se producen solo si hay emociones. Un formador excelente es mucho más que un mero transmisor de conocimientos; es un profesional que promueve modificaciones positivas en la conducta de quien aprende. ¿Cuántas veces hemos olvidado lo que nos han enseñado? ¿De qué manera influimos? ¿Cómo conectamos con la fibra sensible de los equipos de ventas?

5. EL BUEN FORMADOR VIVE PARA FORMAR, NO FORMA PARA VIVIR

Esta frase la pronunció uno de mis alumnos al finalizar la formación en el Método Sell It (en adelante el Método). Me comentó que se notaba que disfrutaba con lo que hacía y conseguía que las horas pasaran volando. Afirmó que era obvio que no formaba para vivir, sino que vivía para formar. Una distinción muy importante para mí y que me hizo muy feliz. El alumno demandaba más horas conmigo. Un buen formador debe vibrar con lo que hace y disfrutar o, de lo contrario, el nivel de energía transmitida será tan bajo que no provocará ningún cambio.

Te dejo mi definición sobre lo que significa formar:

> «Formar versa sobre producir experiencias memorables asociadas a tus contenidos. Debes hacer disfrutar a los alumnos mientras les enseñas. Formar es una actividad de una gran responsabilidad, por lo que es preciso darlo todo, hacerlo muy bien y dejar huella».

6. EL FORMADOR APRENDE MIENTRAS ENSEÑA

Hoy soy mejor formador que hace diez años. Y lo soy por vosotros. Gracias a todas las empresas que desde entonces habéis confiado en mí. Con el tiempo, he corregido errores, reorientado los contenidos, introducido dinámicas nuevas, y he aprendido mucho de mis alumnos y de sus situaciones profesionales. Cada sector es una enseñanza nueva y retadora para mí y, siempre, un desafío.

Formar desde la omnipotencia y la sabiduría extrema es propio de mentes mediocres. Con la vida y nuestra profesión de vendedores, a través de consultores y maestros, aprendemos todos los días. El mercado es el gran modelador y nuestro jefe. Sin las personas que me han acompañado en mi periplo como formador, hoy no sería quien soy. ¡GRACIAS! Ya para finalizar, te dejo este vídeo[1] que ya tiene unos años, pero que me encanta y nos habla de la mirada que debemos tener cuando instruimos:

---

1   https://youtu.be/70VJjn26Z5I

B. PROCESO DE APRENDIZAJE

Esta profesión se aprende vendiendo. El escenario donde trabajaremos, la calle, asusta en ocasiones. Antes de llegar a este lugar es preciso adquirir los conocimientos técnicos y las habilidades necesarias para el puesto. Para que todo ese conjunto de herramientas se convierta en competencias solo hay un camino: practicarlas una y otra vez. Según la PNL (Programación Neurolingüística) hay cuatro etapas en el proceso de aprendizaje:

1. Incompetencia inconsciente: No soy consciente de mis incompetencias y, lo que es peor, puedo sufrir el síndrome de Dunning-Kruger. Sucede cuando un exceso de confianza en uno mismo oculta las lagunas de ignorancia que guarda el vendedor. Cree que no necesita aprender nada más porque lo sabe todo. Recuerdo una ocasión, en el 2014, en una formación para empresas en FEUGA (Fundación Empresa Universidad Gallega) donde estaba presentando el Método, en la que un director comercial de una conocida empresa gallega me espetó: «Yo ya lo conocía. ¡Lo conocía antes siquiera de lanzarse al mercado!». Y es que hay personas que, además de dedicarse a este mundo, tienen poderes que les hacen vislumbrar el futuro. A estos perfiles les llamo coloquialmente de dos maneras: «Todólogos» y «Yo-Yas» (Yo ya lo sabía). Saben de todo y son unos expertos en cada ámbito. El resultado es que nunca inician un proceso de aprendizaje. La ignorancia es ciega. La decisión de progresar de cualquier profesional depende del reconocimiento de una o varias incompetencias. El crecimiento de una empresa deviene de lo mismo. En esta situación, es la opción de mejorar la que arranca todo

el proceso. Por muchos impactos comerciales, lecturas, y suscripciones a artículos de diversas webs que pongamos a nuestro alcance, sin tu determinación y compromiso, el camino que nos permita avanzar nunca empezará. Mejor hoy que mañana. Leer y hacer. Ese es el secreto. Tan sencillo y tan complicado. En este inicio del viaje, nos encontramos con infinidad de síndromes que no sabíamos que existían ni que pudiéramos padecer. Los psicólogos y psiquiatras bautizan nuevos trastornos cada día. En la imagen del post de Adam Grant, vemos uno conocido, el del impostor, y otro desconocido, el síndrome del «quarterback de salón».

Figura 2.

Este último se caracteriza por tener una confianza ciega en sí mismo, que sepulta toda duda sobre sus postulados y que esconde una realidad que se niega a reconocer: su propia incompetencia. Este perfil es el que presume conocer más sobre ventas y dirección comercial que los propios profesionales que llevan muchísimos años ejerciendo este noble oficio. Son los teóricos. Se lo saben todo, pero cuando salen ahí fuera ponen de manifiesto sus deficiencias. Entienden de fútbol más que el propio entrenador. Mi socio de Ventas Híbridas, Albert Ramos, tiene una frase maravillosa que resume este post:

«Todo el mundo sabe vender... ¡Hasta que sale a la calle!».

Y te dejo también esta otra cita de Warren Buffett:

«Solo cuando baja la marea se ve quién nadaba desnudo».

Hay mucho parlanchín y mucho byte suelto y desbocado, pero la credibilidad te la otorga la experiencia de éxito, no la literatura teórica. Más humildad y más ejemplos prácticos es lo que necesitamos.

2. Incompetencia consciente: Este profesional se da cuenta de que necesita mejorar. Normalmente, los que empiezan son quienes a menudo inician estas aproximaciones a un formador. En cambio, los que llevan años lo hacen en menor proporción. Las grandes empresas, que son conscientes de sus limitaciones, sufren varias tipologías de parálisis: por el exceso de burocracia, la delegación de temas comerciales en perfiles que no lo son, frenos producidos por factores como las operaciones corporativas de fusiones y adquisiciones y, por último, dependencia total de fondos de inversión que toman las riendas y relegan a un segundo plano al director comercial y a los vendedores. Decide todo el mundo, menos los que están en ventas.

3. Competencia consciente: nuestro profesional ya ha decidido formarse y empieza a aplicar los contenidos. Esta elección nace de un factor doble. Por un lado, el firme compromiso en mejorar y, por el otro, el apoyo y refuerzo que recibe por parte de la empresa para aplicar en su día a día los contenidos impartidos. Nuestro vendedor todavía tiene que pensar lo que tiene que hacer en cada visita. Es como el conductor novel de un coche que al principio se concentra más en la palanca de cambios y en el embrague que en la propia carretera. Tiene que centrarse cada vez que aplica una u otra técnica. Todavía no las tiene interiorizadas.

4. Competencia inconsciente: el vendedor ha automatizado su conducta basándose en la repetición de la práctica. Ya no tiene que pensar para actuar. Le sale de manera natural. El ser humano automatiza conductas para ahorrar la energía derivada de los procesos cognitivos. El cerebro racional consume grandes cantidades de energía, por lo que economizamos su empleo.

James Clear, en su libro «Hábitos atómicos», afirma que las manidas cifras que se han publicado y que son necesarias para adquirir un hábito — diez mil horas o veintiún días de práctica — no son del todo ciertas. Demuestra cómo es más importante la frecuencia de repetición que el tiempo que llevas aplicando una determinada acción. Puedes estar practicando veintiún días una vez por semana o hacerlo tres veces por semana durante quince días. Este segundo comportamiento te traerá mejores resultados que el primero. James Clear describe el proceso de adquisición de un buen hábito en cuatro fases

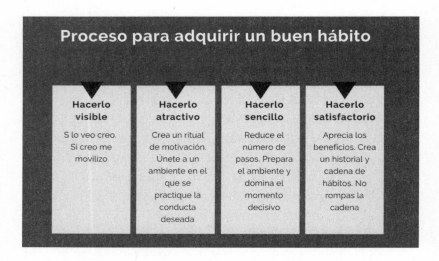

Figura 3.

En el libro antes mencionado, te describe de manera muy sencilla y fácil de llevar a cabo la forma de implementar buenos hábitos, no solo en tu vida como vendedor, sino también en la personal.

Hay otro nivel de aprendizaje. Se trata de desplazarse desde la competencia inconsciente a la competencia consciente. En ocasiones me desdoblo y, desde una posición de observador externo, me contemplo a mí mismo trabajando. Me sucedió cuando una directora de exportación de una empresa de carne me compró mi último libro. Como era de la comarca de Pamplona, quedé con ella para entregárselo en mano. Cuando observé su conducta —cómo daba la mano, la velocidad a la que hablaba y su volumen de voz— deduje cuál era su perfil conductual (S en el DISC) y empecé a adaptarme a ella. En el momento en el que lo estaba haciendo, me vi a mí mismo interpretando el estilo de comunicación que a ella le gustaba y que tan alejado estaba del mío. Esta es una de las técnicas que aprendí en PNL. Al fin y al cabo, las ventas no versan sobre mí, sino sobre mi cliente. El importante no era yo, sino la directora de exportación. Estar atento a la metodología que estás aplicando (pasándolas al terreno consciente) te permite poder mejorarlas y reproducirlas a voluntad en el futuro. Hace que aumentes el control sobre la visita y te convierte en un profesional más eficiente.

Todas las formaciones solo tienen sentido si se llevan al terreno que interesa. De lo contrario pasarán a la estantería del olvido. Es aquel material que fue impartido y acogido con buena voluntad por los alumnos, pero que, como somos animales de costumbres, tendemos a volver al «Set point» (punto de inicio de viejos hábitos) una vez finalizado el curso.

Según la psicóloga norteamericana Angela Duckworth, si al talento le añadimos esfuerzo, conseguiremos desarrollar una habilidad. Si esta la mantienes con constancia en el tiempo, obtendrás logros. Estos surgen cuando, con la práctica continuada, la habilidad se transforma en una competencia. Sin empeño no hay gloria. Si no, que se lo pregunten a Helen Keller, Michael Jordan, Thomas Edison, Abraham Lincoln y a un muy largo etcétera. Nos encanta dotar de cuerpo a las palabras y nos atrapan las modas. Añadimos etiquetas tales como «Talento» y «Liderazgo». Son las estrellas de la función. Con nombrarlas ya pensamos que estamos a la última y nos quedamos tranquilos. ¿Cómo se selecciona el talento? ¿Cómo se le seduce? Nos gusta fijarnos solo en la foto final del profesional que ha hecho cumbre, pero nos da pereza estar con él en las largas horas de entrenamiento y perfeccionamiento de sus habilidades. Somos vagos, reconozcámoslo. Nos atraen los atajos, pensamos que leyendo un libro, o cincuenta, nos vamos a convertir por arte de magia en excelentes vendedores. Así no funciona. Si no estás dispuesto a invertir esfuerzo, el cual nace de tu compromiso y voluntad, seguirás donde estás. La clave reside en la automatización de tu conducta. Es así como se interiorizan tus pensamientos. Cuando ejerces esa destreza, lo haces sin pensar. Las ventas no son fáciles ni sencillas, no versan sobre trucos y técnicas aisladas, requieren mucha, pero que mucha dedicación reiterada en tiempo. Los líderes comerciales tienen ante sí un reto inaplazable: conseguir mantener el compromiso de sus trabajadores. Con decir, «¡Venga, tú puedes!», no va a ser suficiente. Quizás en Disneylandia sí, pero en el mundo real no es así de sencillo. Espero que los que piensen que este oficio va de fórmulas mágicas desistan de hacerlo, por su bien. La teoría sin la práctica languidece hasta desaparecer de nuestra mente y de nuestra conducta. Para tener éxito en el sector hay que poseer ciertos hábitos muy desarrollados. Te debes preguntar si lo que estás haciendo hoy se va a traducir en resultados o no. Sé honesto. Según las estadísticas, el vendedor medio está delante del cliente dos de cada ocho horas de su jornada laboral. ¿Qué hace el resto del día? ¿En qué invierte el tiempo? En «El arte de vender» leemos lo siguiente: «A los vendedores no se nos paga por trabajar, se nos paga por vender».

Te dejo también esta frase de Bryan Tracy: «Las personas exitosas son simplemente aquellas que tienen hábitos de éxito»

CONSEJO
HAZ EL SIGUIENTE EJERCICIO:

1. Escribe una lista con todas las tareas que realizas en un día cualquiera.

2. En la siguiente columna anota el tiempo empleado.

3. En la columna contigua anota su traducción en euros para la empresa.

4. Analiza la lista y elimina los ladrones de resultados.

En ventas hay dos acciones que te traerán resultados:

1. Contacta, contacta y nunca dejes de contactar.
2. Visita, visita y vuelve a visitar.

C. LA MEJOR MAESTRA; LA CALLE

«Vender es un ejercicio de transpiración».

Iosu Lázcoz.

El sitio natural de un vendedor es la calle. Es el escenario en el que se produce su crecimiento. En mi método tiene mucho peso la parte en la que se ejecutan los contenidos. Sin esa práctica, todo se pierde y nada se asimila. Tanto este puesto, como el de director comercial, tienen su razón de ser si pisan el teatro donde todo cobra sentido. Un profesional del sector que pasa gran parte de su tiempo en la oficina está evitando, por miedo, su actuación. Está trabajando, pero no vendiendo. Y eso es el principio de su fin. A las empresas no les gusta verte inmóvil; los resultados no caen del cielo y los clientes no te van a llamar por lo simpático que eres. Lo que consigas depende de ti. Deja de buscar excusas y empieza a visitar. Este trabajo tiene un porcentaje de inspiración, pero es mayor el de transpiración. Suda, toca puertas, pisa calle y aléjate de las excusas. El único camino del éxito es a través del esfuerzo.

CARACTERÍSTICAS DE LOS MEJORES VENDEDORES

«Contrata a los mejores y déjales hacer lo que saben. Si no,
contrata a los más baratos y que hagan lo que tú dices».
Warren Buffett

En estos últimos treinta años dedicándome a esta hermosa profesión, he conocido a profesionales de todo tipo: vendedores que le llamaban visita a entregar una tarjeta, otros que generaban confusión al rellenar al completo el parte diario sin vender un tornillo, comerciales que hablaban sin parar, profesionales que bebían en las comidas y luego pretendían hacer buenas visitas por la tarde, algunos que se habían convertido en estadísticos del mercado como excusa para sus malos resultados, otros que nunca tenían la culpa de su mediocridad, pero también me he encontrado con grandísimos compañeros que me han enseñado los secretos del éxito. Todos ellos, independientemente de su sector, sexo o edad, tenían una serie de características comunes que revelaré enseguida, pero antes permíteme que te introduzca a uno de mis maestros: Zig Ziglar. Es uno de mis autores preferidos. Vibraba con cada poro de su piel con la profesión que amaba. Era un auténtico disfrute verlo subido a un escenario con más de setenta y cinco años. La energía que desprendía no estaba al alcance de cualquiera. Dejó un legado en forma de libros y una escuela que dirige su hijo Martin. Si no lo has leído, te lo recomiendo. Pocos llegan a su nivel.

Mucho antes de las investigaciones del psicólogo Robert Cialdini sobre los principios de la influencia y de los descubrimientos de la neurociencia y la psicología sobre el comportamiento humano, Zig Ziglar pronunció esta frase adelantada a su tiempo: «El ochenta por ciento de los factores que deciden una compra son emocionales y un veinte por ciento racionales».

La ciencia descubrió posteriormente que el peso de lo emocional era superior y el peso de lo racional disminuía significativamente, situándose entre el uno y el cinco por ciento. Vuelvo a las características que he observado y estudiado sobre los mejores vendedores del mundo:

1. CAEN BIEN

Es uno de los seis principios de influencia de Robert Cialdini. Si no caes bien, provocas rechazo, no solo a lo que dices sino también a todo lo que representa tu persona. Al caer mal (proceso inconsciente que se da en milisegundos), el cerebro racional validará esa decisión tomada por los dos cerebros primitivos. Este es otro principio de influencia denominado congruencia. Zig Ziglar afirmaba: «Si les gustas, te escucharán. Si confían en ti, harán negocios contigo»

¿Qué puede hacer un vendedor ante esta situación? Evidentemente, cuidar y preparar con mimo y antelación todo el lenguaje verbal y no verbal que vamos a emplear en los primeros treinta segundos de la conversación. Dejarlo todo a la improvisación es un riesgo que no debes correr. Prepárate muy bien esos primeros instantes. El cerebro reptiliano te estará analizando y decidiendo, de manera ultrarápida e inconsciente, si te presta atención verdadera o desconecta de ti.

2. SON CONFIABLES

Este apartado lo trato en mis formaciones. Es complejo desarrollarlo aquí. Existen muchas técnicas para conseguir que el Guardián del Castillo (cerebro reptiliano) te abra las compuertas. Si te ve como una amenaza o te percibe como el clásico charlatán de feria egoísta al que solo le preocupa su comisión, no podrás disfrutar de los manjares que alberga ese lugar al que solo acceden los vendedores profesionales. En el paso tres del Método, denominado sintonía, enseño a generar confianza. En él, trabajo la Metodología DISC, el Lenguaje No Verbal, el Lenguaje Paraverbal y técnicas de Programación Neurolingüística (PNL).

3. HAMBRE

Los mejores vendedores se actualizan constantemente, aman su trabajo y lo cuidan. Tienen hambre de conocimiento y de mejora continua. Nunca cesan en su empeño de convertirse en excelentes profesionales e invierten mucha energía y recursos en ello.

4. ASERTIVIDAD

Afirmar que el cliente siempre tiene la razón significa asumir que conoce todas las debilidades de su negocio. Y esto no siempre sucede. A veces hay que decirle lo que necesita, de lo contrario estaríamos haciéndole un flaco favor. Puede no estar preparado para recibir retroalimentación negativa, pero es nuestro deber ético comunicárselo, aunque duela. En una ocasión, trabajaba en mi faceta de consultor con una empresa. Mi perspectiva de observador externo me permitía tener una mirada limpia, sin restricciones, dependencias, ni miedos. Les encargaba trabajos que solo llevaron a cabo durante el primer mes. El resto me dedicaba a perseguirlos sin éxito. Se acumulaban los debes. Todos los viernes les enviaba un documento con los asuntos sin tratar en color rojo. No servía para nada. Aun teniendo todos los mails y documentos como prueba, el cliente afirmaba en la reunión final que siempre hacía a tiempo las tareas encomendadas. No hay más ciego que el que no quiere ver. Al chocar contra un muro infranqueable, me di cuenta de que, aun siendo asertivo, no iba a funcionar. Fue una pena que desperdiciara una oportunidad magnífica de mejorar su negocio a todos los niveles. Un consultor no siempre es popular y puede llegar a ser incómodo. Un vendedor no debe decirle a su cliente lo que quiere oír, sino lo que debe oír.

5. GENERA OPORTUNIDADES

El mejor vendedor del mundo está constantemente generando oportunidades fruto de su visión optimista. En lugar de someterse a las adversidades, busca incansablemente negocio allá donde otros ven imposibilidad. Hay quienes culpan a la empresa de no facilitarle ni cartera, ni compradores potenciales, pero, los que no se quejan, emplean su tiempo en hacer tareas más productivas. En mi faceta como trabajador por cuenta ajena solo me facilitaron clientes en contadas ocasiones. Siempre he pensado que la dirección asumía que yo no lo necesitaba. Bienvenida la injusticia. Al que vende más se le premia con menos. Esto sucede más a menudo de lo que pensamos. Tampoco me alineo con los que siempre demandan que les faciliten contactos. Está muy bien que marketing te los aporte, pero esa es una labor que debe recaer en su mayor parte en el profesional. No debe eludir cuál es su principal responsabilidad. Las oportunidades no caen del cielo. Sin esfuerzo y sin invertir el tiempo necesario, no te convertirás en un vendedor de éxito. Una cosa es que encuentres referentes, cursos y libros que te inspiren, pero el camino lo tienes que hacer tú. Un buen formador y coach te pone en los tacos de salida, pero tú eres quien debe correr los cien metros. Me encanta esta frase del consultor de ventas, Jeffrey Gitomer:

«Genera tantas oportunidades como puedas. Harás más ventas de las que esperas. Esa es la fórmula».

Esta frase se la deberían tatuar en la piel todos aquellos que directa o indirectamente se dedican a este sector. No existe herramienta más eficaz que crear oportunidades de manera constante. Sin descanso. Te puedo llenar de literatura la cabeza sobre este tema, pero no existe una verdad más contundente que esta. No reinventemos la penicilina, este trabajo requiere de operativa. Versa sobre hacer, no sobre decir. Fórmate. Eso está bien, pero, si no lo pones en práctica inmediatamente, no te habrá servido de nada. Llevo más de treinta años en esta hermosa profesión, y no hay un contenido de más valor que esta afirmación. Otro grande, Grant Cardone, afirma que un vendedor profesional, uno que destaca sobre el resto, está generando continuamente acciones masivas de venta. Me surgen dos preguntas de vital importancia en tu progreso profesional: ¿Cuántas oportunidades reales generas en una semana? ¿Esperas a que te las proporcione Marketing? De ti depende.

6. ES UN VENDEDOR HÍBRIDO

Se escribe mucho sobre qué características tiene este profesional. Te diré que ni es un vendedor digital ni uno analógico. Es ambas cosas en su mezcla óptima. Más adelante desarrollaré este concepto.

7. ORIENTACIÓN AL CLIENTE

El mejor vendedor tiene un propósito que trasciende de la mera comisión: ayudar a su cliente a mejorar su mundo. Le da su lugar y la importancia que le corresponden. No está ni por encima, ni por debajo. Identifica su estado actual y le propone llegar al deseado. Para ello, construirá un puente para empujarle a llegar a su destino. Le corregirá cuando tenga que hacerlo; le animará cuando este flaquee y trazará la estrategia para realizar este viaje de la manera más eficiente posible.

8. COMUNICACIÓN EFECTIVA

Nuestro vendedor de primera tiene la capacidad de escuchar y expresarse de manera clara y concisa, y atesora una capacidad de síntesis extraordinaria y muy necesaria en un mercado que emite mucho más ruido del que podemos procesar. Saber sintetizar no es lo mismo que resumir. Implica expresar tus ideas relevantes en pocas palabras sin dejarte nada por el camino. En ventas, esta cualidad es fundamental. Si quiero influir en mi cliente, deberé ahorrarle el esfuerzo cognitivo de resumir y digerir nuestro mensaje. Somos vagos por naturaleza y nos cuesta una barbaridad emplear el cerebro racional, tal y como demostró Daniel Kahneman en su obra «Pensar rápido, pensar despacio». Los norteamericanos tienen una expresión para esto: «Hazlo sencillo». El proceso de «digestión» es una tarea que el profesional debe haber realizado con anterioridad a la visita. Esto me lleva al siguiente punto: la claridad y comprensión profunda que debemos tener sobre el producto y servicio. Si no tenemos claro cuál es el mensaje fuerza, conocemos nuestras ventajas competitivas, tenemos la capacidad de síntesis desarrollada, y si no nos hemos preparado bien, lo más probable que suceda es que lo que queremos transmitir tenga mucho ruido de fondo. No influimos. La niebla y la confusión se han apoderado de la reunión y no hemos sido capaces de comunicar valor. Somos una interferencia que impide distinguir con facilidad lo que nos hace distintos. Hay que manejar con solvencia este punto y traer el trabajo hecho de casa. No dejes al azar lo que suceda en tu visita. Sin preparación no hay crecimiento. Te propongo el siguiente ejercicio:

i.   Escribe un párrafo de cinco líneas máximo en el que describas las ventajas de tu producto frente a uno similar de la competencia.

j.   Sintetízalo en una línea que diga lo mismo, pero con menos palabras.

k.   Selecciona una sola palabra que refleje tu valor diferencial.

9. EMPATÍA

Es un componente de la inteligencia emocional que tiene un gran peso. Significa comprender las necesidades y deseos del cliente. Las ventas no tienen sentido sin ellos; no son el resultado de un juego de suma cero en el que solo gana una parte. Es una relación en la que el profesional se centra de verdad en los problemas a solucionar y sobre los que hay que actuar. «Sentir» sus preocupaciones supone un paso más allá del habitual «pensar» en ellas. Es un peldaño más profundo, más implicado y comprometido. El foco debe estar centrado en los procesos y sus ineficiencias de la empresa, no en nuestro porfolio de productos. Esta orientación sincera es un debe que arrastran muchas empresas desde el siglo pasado. Te lo muestro en la figura 4:

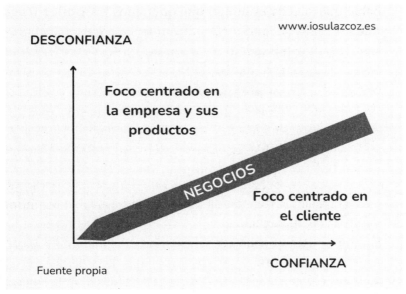

www.iosulazcoz.es

Figura 4.

Al principio de la visita, el grado de desconfianza es máximo. Las compuertas del castillo están completamente cerradas para nuestro vendedor. Poco a poco el profesional se irá ganando la confianza y el respeto del cliente hasta el cierre de la operación. Solo haciendo tuyos sus problemas e inquietudes es cómo se avanza hacia el triunfo final. Una vez que lo has conseguido, no te relajes. No lo tienes todo hecho. Aún existe desconfianza hacia el grado de cumplimiento de tu empresa con lo prometido. La barra azul del gráfico todavía muestra inclinación sobre el eje vertical. Será la experiencia posventa, con nuestras soluciones, la que hará disminuir el ángulo de la barra azul de los negocios (figura 4). Se acercará más y más al eje de abscisas. Neil Rackman, psicólogo y experto británico en esta materia, expone en su libro, «Mayor Account Sales Strategy», cómo muchos profesionales se relajan y abandonan la gestión posterior a la venta. El cliente siente que solo queríamos su dinero, no la solución a sus problemas. En este escenario, el recelo crece y lo más probable es que lo perdamos a corto plazo. Nuestro trabajo no acaba con el cierre del pedido, sino que comienza en ese mismo momento. La construcción de una relación exige nuestra implicación total en todas las fases. Si solo queremos vender, olvidémonos del destinatario. Si queremos que vean nuestro compromiso, invirtamos nuestro tiempo en ello. Debemos ayudar a la empresa en la implementación de nuestras soluciones. Es nuestra responsabilidad. Contribuirá a una posterior fidelización de nuestra cartera y, además, propiciará que nos recomienden a terceros. Las ventas no tratan únicamente de lo que decir, sino también sobre superar las expectativas que tienen los clientes sobre nosotros.

10. CONFIANZA

Estos vendedores transmiten confianza no solo en sí mismos, sino también en sus productos y en su empresa. No dudan cuando tienen que interrumpir al cliente para matizar ciertos aspectos de la conversación, no titubean cuando dan el precio, y acogen con interés y empatía todas y cada una de las objeciones que se le plantean. Fomentar la confianza es el principio de una relación mercantil a largo plazo. Invertir el tiempo necesario y las herramientas precisas para conseguirlo es un deber que tienen muchos comerciales que van directamente al grano, sin anestesia y sin sintonía previa.

11. RESILIENCIA

Es la capacidad de superar obstáculos y rechazos y seguir adelante con entusiasmo. Esta palabra la inventamos los vendedores hace mucho, pero que mucho tiempo. Más adelante trataré este tema. Muchos estudios psicológicos se realizan con profesionales de nuestro sector porque pertenecemos a una actividad que se presta a ser medida, ya que nuestros resultados hablan de la idoneidad o no de una estrategia.

12. CONOCIMIENTO DEL PRODUCTO O SERVICIO PROPIOS Y LOS DE LA COMPETENCIA

Trabajo con empresas cuyas ventas son técnicas. Se puede conocer su producto hasta cierto punto, pero son los técnicos los que saben al detalle todos los aspectos cuyo alcance está vetado a nuestro vendedor. Aquí tenemos un dilema. ¿Contratamos a un técnico comercial con perfil técnico, o preferimos un comercial técnico con perfil comercial? Mi experiencia, sin que esto constituya un metaestudio de psicología, me aconseja siempre contar con comerciales que se adiestren en lo técnico. Es mucho más probable este camino que el inverso. Es mucho más difícil y costoso que un técnico adquiera habilidades y actitudes comerciales. Para eso están las colaboraciones que, en muchas empresas, se realizan entre ambos perfiles. Nuestro profesional conoce su producto muy bien y pide con frecuencia la ayuda técnica, pero esto no es suficiente; debe estar al día, también, de los contratipos de los productos de la competencia, sus debilidades e ineficiencias, sus nuevos lanzamientos, y saber cómo marcar las diferencias. Muchas empresas, en un exceso de confianza, desconocen todo esto; no saben qué productos consumen sus clientes de la competencia, ni los problemas que pueden estar sufriendo con esas soluciones. Sin esa información actual y precisa, no podremos ser eficientes. En Ventas Híbridas le damos mucha importancia a este punto y desarrollamos con nuestros clientes fórmulas híbridas para conocer al detalle a sus competidores. La información es poder. Saber recogerla y utilizarla, es nuestra responsabilidad.

13. CREATIVIDAD

Esta es una profesión muy difícil. Las situaciones a las que nos enfrentamos en nuestro día a día requieren de soluciones creativas. Necesitan que las abordemos desde otra perspectiva y que seamos capaces de crear alternativas. Todo el pensamiento divergente nace del alejamiento de lo típico y de lo esperado. Nos dirige a un paraje donde somos percibidos como frescos y diferentes. Nos encamina hacia un destino en el que sorprendemos y superamos las expectativas de nuestros clientes. Existen productos fotocopia, vendedores fotocopia, procesos fotocopia y empresas fotocopia. Romper las cadenas de la mediocridad te permitirá conquistar puertos remotos e inesperados. Te relato una experiencia que tuve con alguien de mi equipo. Este no conseguía quedar con el jefe de obra del Teatro Victoria Eugenia de San Sebastián, que en aquel momento estaba sufriendo una remodelación completa. Era el año 2001. Mi compañero y yo estábamos trabajando muy cerca de allí. Le pedí que llamara a la persona con la que quería entrevistarse y, con cierto recelo, lo hizo. A continuación, mientras esperaba a que cogiera el teléfono, me pasó su móvil.

—Buenos días. ¿Es usted Antonio, el jefe de obra? —le pregunté.

—Sí, soy yo. ¿Qué desea? —me contestó, sumergido en un mar de ruido ensordecedor provocado por el continuo rodar de maquinaria pesada.

—Mire, me llamo Iosu Lázcoz de Equipamientos Integrales de Sernatec Hygiene y le voy a dar una muy buena noticia. ¡Me caso! —respondí, y guardé silencio a continuación.

Antonio rio a carcajadas y, cuando se pudo calmar, me preguntó:

—¿Y eso qué tiene que ver con la obra?

—Vamos a ver, Antonio. Te tengo que explicar todo —le desafié. Estaba totalmente intrigado deseando conocer la relación entre mi boda y la obra de teatro.

—Mira, como me caso, estoy en un estado de ánimo tan positivo que te lo voy a trasladar a unas condiciones inmejorables para equipar los aseos y vestuarios de tu obra —le contesté con animosidad, velocidad y entusiasmo.

—Bueno, ¿y en qué consisten esas condiciones? —me respondió el hombre en señal de interés, a la par que me comunicaba un primer filtro para quitarme de encima.

—Casualmente, estoy trabajando en esta ciudad tan maravillosa y puedo acercarme en cinco minutos y explicártelo —le respondí para volver a guardar silencio.

—Perfecto, te espero en la caseta de obra —me dijo.

Nos acercamos hasta allí y, al entrar, todos lo que estaban trabajando esbozaron una sonrisa de oreja a oreja para después darme la enhorabuena. Mi compañero estaba alucinando. No salía de su asombro. Empezaba a comprender cómo, para poder diferenciarte, debes hacer cosas que no hace nadie. Causar sorpresa y novedad. Ser fresco y divertido. Cumplí al detalle los principios del método AIDA (Atracción, Interés, Deseo y Acción). Conseguí despertar atracción, interés y un deseo ardiente por conocer la relación que existía entre mi boda y la reforma del edificio. Pero eso, sin la acción (puedo acercarme en cinco minutos), no hubiera servido para nada. ¿Cerré la operación ese día? ¡No! Nadie dijo que las ventas fuesen sencillas. Me costó veinte visitas más poder hacerlo, pero la creatividad unida al humor fueron las que me abrieron las puertas. Te recomiendo cuatro libros que hablan sobre este tema y que a mí me han cautivado:

- «Creatividad» de Mihaly Csikzentmihalyi.
- «Creatividad, S.A.» de Ed Catmul.
- «La geografía de los genios» de Eric Weiner.
- «A mí, sí me pagan por pensar» de David Asensio.

14. PASIÓN

Quienes muestran pasión en su actividad comercial la destilan en cada poro de su piel. La transmiten constantemente, bien sea delante de sus clientes, o cuando estos no están. Con solo oír la palabra ventas se activan. Creen en su producto; están alineados con los principios y valores de la empresa y lo transmiten de manera inequívoca, tanto con su lenguaje verbal como en el no verbal. Desprenden autenticidad y eso contagia. La confianza generada es el resultado de esta interacción.

15. ORATORIA

A diferencia de la retórica que se imparte en las aulas de la Universidad de Eton, en Inglaterra, y en la que eran adiestrados los antiguos griegos, nosotros no hemos sido instruidos en este arte. Esta disciplina tan pretérita no está muy presente en nuestro país, ni en las aulas, ni en las escuelas de negocio, ni en las empresas, ni tampoco en la política. No existe esa tradición. Países como Estados Unidos, Reino Unido y Latinoamérica tienen una larga trayectoria en la enseñanza del arte de influir con la palabra. Primeros ministros del Reino Unido han pasado por las aulas de Eton, como también lo hicieron las personas más influyentes del siglo XX y lo que llevamos del XXI. Precisamente, cuando nuestra función es influir en nuestros clientes, no se entiende cómo no nos formamos en aprender a comunicar con autoridad y solvencia. En mis formaciones sobre el Método enseño casi cincuenta técnicas narrativas que ayudan al vendedor a expresarse con garantías de éxito. En el pie de página te copio un TED[2] que aporta mucho valor.

16. INTELIGENCIA SOCIAL

Es el arte de relacionarse simultáneamente con varias personas a la vez. Hay que saber qué decir y cómo hacerlo de manera natural, sin haber leído un solo libro sobre ello. Si no tienes esa habilidad, la puedes adquirir con entrenamiento. Una buena forma de comenzar es con «Inteligencia social» de Daniel Goleman. Vender es un acto de socialización. Si no te gusta, dedícate a otro oficio.

---

2   Simon Lancaster, «Speak like a leader», https://youtu.be/bGBamfWasNQ

17. PLANIFICACIÓN ESTRATÉGICA

Consiste en saber lo que quieres y cómo conseguirlo. Diseñar un plan y seleccionar con maestría a los clientes potenciales. Cuando empecé mi carrera lo hice en el sector HORECA (Hoteles, Restaurantes y Cafeterías). Tenía que vender a muchos establecimientos para conseguir una cifra elevada, ya que mis productos no eran de rotación (repetición de compra) y cifraban pocos euros. Quería crecer y multiplicar por diez mi facturación. Para ello, seleccioné las industrias con el número de empleados más elevado; busqué las construcciones de mayor envergadura e identifiqué a qué perfiles me tenía que dirigir en ambos casos. Me preparé las presentaciones y el material, y comencé a contactar con ellos por teléfono. Para que me atendieran, tenía mis propias estrategias que más tarde perfeccioné. Mi tasa de éxito era muy buena y ello me llevó a diseñar un método de tres pasos que posteriormente enseñaría a mis alumnos. Al principio, mis presentaciones eran demasiado largas, contaba detalles de mi empresa que no venían al caso y no hacía ninguna pregunta. En el caso de las construcciones nuevas, me sorprendía que casi nunca me encontraba con competencia. No había nadie haciendo lo mismo que yo. En lugar de vender secamanos eléctricos de dos en dos, como hacía con las cafeterías, empecé a venderlos de veinticinco en veinticinco, en el caso de las empresas que equipaba. Con una planificación muy sencilla, conseguí aumentar mi facturación en un cuarenta por ciento.

18. OPTIMISMO

Es la virtud más importante a tener en cuenta y, sin embargo, en la empresa no se valora en absoluto. No se incluye en los procesos de selección de los vendedores, ni en la capacitación de los mismos. Más adelante lo desarrollaré en abundancia, tal y como siempre hago en todos mis libros.

19. NEGOCIACIÓN

Es importante que destaquemos por la defensa de nuestras posiciones estratégicas y por las mínimas concesiones que se hacen delante de un cliente. Cuando este presiona y exige más, a cambio hay que pedir una compensación. No se debe regalar en exceso y nunca a las primeras de cambio. El precio se defiende a ultranza y cada concesión se hace en forma de descuento que se da con cuentagotas, siempre y cuando obtenga beneficios por ello. Al negociar, es muy importante conocer las verdaderas inquietudes que el cliente tiene sobre nosotros y nuestra propuesta. Para poder bucear y averiguar lo que nos separa es preciso realizar preguntas de calidad. Una vez que seamos capaces de eliminar las objeciones falsas, podremos establecer un diálogo encaminado a validar nuestra solución frente a la de la competencia (en el caso de que exista). Es importante hablar de lo mismo. Los vendedores profesionales eliminan la ambigüedad y son capaces de arrojar luz donde solo reina la confusión. Libros de negociación hay muchos. Me decanto por estos tres:
- «Obtenga el sí. El arte de negociar sin ceder», de Wiliam Ury.
- «Negociar es fácil si se sabe cómo», de Alejandro Hernández.
- «Negociación», de Bryan Tracy.

20. TOLERANCIA AL RECHAZO

No se debe tener miedo al rechazo. Hay que perseguir los objetivos sabiendo que el camino no será nada fácil. Se acepta y no se toma como algo personal. No hay enfado con el que nos da una negativa. Este se añade a la lista de clientes potenciales sabedores de que la situación con el tiempo casi siempre cambia. Todos nuestros fracasos, junto con los aciertos, contribuyen a la construcción de la armadura con la que nos seguiremos enfrentando el mercado. Eso nos hará inmunes al desaliento y nos permitirá analizar si el porcentaje de rechazos es demasiado alto. Si lo es, habrá que estudiar qué se está haciendo mal y trazar nuevas estrategias para conseguir los objetivos. Prefiero llamarlos fallos en lugar de fracasos.

21. MANEJO DEL MIEDO Y DE LA PRESIÓN

Estos vendedores soportan la presión con entereza. Saben cuál es su profesión y lo que se espera de ellos. No rehúyen su responsabilidad. La espada de Damocles que pende sobre sus cabezas no les da miedo. No les paraliza, sino que se les anima a perseguir con ahínco sus resultados.

Estamos en el año 2012. Mi empresa vende su división de servicios a un fondo inglés. Con él se van parte de los trabajadores y un alto porcentaje de facturación. Pasamos de estar casi cincuenta empleados a catorce. Sobre nosotros recaía un apremio enorme. O vendíamos, o no llegábamos a Navidad. La tensión se palpaba en cada reunión. En esos momentos, todos nos comportamos como un equipo comprometido. Nos ayudábamos los unos a los otros. El equipo de ventas todavía no era muy numeroso. El peso de la misión comercial, en lo referente al cliente final (B2C), recayó casi en exclusiva sobre los hombros de dos de nosotros: José Manuel Elizalde y yo mismo. La presión la digerimos apoyándonos el uno en el otro. Recuerdo interminables conversaciones hasta las tantas de la tarde, aliñadas con cervezas, risas y momentos de descompresión. Esta situación no nos afectaba solo a nosotros. Era sufrida a todos los niveles por igual. Los puestos de trabajo estaban en el aire. La empresa no solo superó este momento vital, sino que salió fortalecida de todas las adversidades que vivió. Sernatec demostró ser una entidad resiliente. Sin ventas, nada existe. Sin el compromiso y fidelidad del departamento comercial, tampoco. Nuestra área no es más importante que otras, pero sí se le debe dar el sitio que no siempre ocupa. La lucha continúa, ya con un equipo consolidado en cada uno de los departamentos. No todo el mundo está preparado para resistir la presión. Si no lo estás, es mejor que te dediques a otra profesión. Es una de nuestras competencias más importantes, y se supera con la ayuda de los compañeros. No somos superhéroes. Pidamos ayuda.

22. MALTRATO EMOCIONAL POR PARTE DE CLIENTES POCO RESPETUOSOS

Somos empresa en todo momento y hay que guardar la compostura ante afrentas por parte de clientes poco respetuosos. Nuestra respuesta como personas se guarda. No siempre es posible. En mi carrera como vendedor ha habido solo dos ocasiones en las que he tenido que reivindicar respeto. He respondido como Iosu. El vendedor no tiene por qué aguantar desprecios. Los mejores profesionales son buenos encajadores, pero como seres humanos tienen sus límites. La falta de consideración no la podemos permitir. Yo aguanté tres años de ofensas hacia mi ética y profesionalidad. Era empresa durante todo ese tiempo, hasta que un día dije: ¡Basta! No llegues a este límite, responde antes.

23. SON CULTOS

Los profesionales del sector no solo saben de su producto y de su cliente, sino que conocen la actualidad y se desenvuelven con éxito en conversaciones ajenas a la visita. Son capaces de relajar el ambiente al tratar temas que distienden la entrevista. Un vendedor culto transmite seriedad, responsabilidad y confianza. Leer solo sobre la materia o, simplemente, no leer, redunda en una reducción de herramientas a la hora de manejar con éxito las situaciones de tensión que, a buen seguro, se producirán. Para ser bueno en lo nuestro hay que hacerlo. Formarnos en disciplinas distintas al sector. Se deben integrar diferentes ámbitos del conocimiento para fabricar una visita completa. Para llevar a cabo nuestro trabajo se necesita aprender a conectar y, para conseguirlo, hace falta variedad de registros y capacidad para adaptarte al estilo de comunicación del cliente. La cultura se desarrolla con inquietud y curiosidad por aprender. Esto se adquiere de manera continua. El ser humano cambia, la información aumenta y las competencias requeridas también. Me sorprende cuando escucho a compañeros afirmar que no leen. Un profesional inculto y poco formado tiene un recorrido mucho más limitado.

24. SON INQUIETOS

Están siempre indagando sobre nuevos avances en su campo. Leen sobre ello. Se relacionan con expertos y se actualizan constantemente.

25. SON TRABAJADORES EN EQUIPO

Si observas a estos vendedores de primera, comprobarás cómo siempre tienden su mano para ayudar a sus compañeros. Construyen equipo y refuerzan el sentido de pertenencia a la empresa.

26. HACEN DISFRUTAR AL CLIENTE

Convierten la visita en algo que trasciende los límites meramente comerciales. Los traspasan proporcionando a sus clientes un encuentro que recordarán. La experiencia - cliente está muy de moda. He visto a verdaderos maestros en este asunto y he presenciado visitas antológicas de profesionales atípicos.

Te contaré otra experiencia personal. Estaba formando a un equipo de un distribuidor nuestro en Alicante. Ese día me tocó salir con el vendedor con más años y observé que su maletín de demostración estaba lleno de polvo. Esto indicaba que no lo usaba mucho. Enseguida me aseguró que en la provincia de Alicante solo se vendía plástico, no acero inoxidable. Caminábamos por la calle y nos encontramos con un local en obras. Sentadas en dos sillas de plástico estaban un par de chicas con un montón de papeles. De pie se encontraban dos chicos jóvenes pintando el local. Mi propósito era doble: por un lado, quería vender acero inoxidable y, por otro, pretendía conseguirlo haciendo que mis clientes se divirtieran en el proceso. Empezó la visita. Detecté que una de las dos mujeres respondía positivamente a mis bromas. La otra le miraba, pero todavía se mantenía seria. Vendí el primer secamanos de acero inoxidable y, a continuación, añadí un poco de humor a la conversación. La chica de risa fácil empezó a reírse de manera estruendosa. En el rostro de la otra apareció entonces una ligera mueca de sonrisa. Vendí el segundo secamanos y solté otra broma. Esta vez, ambas se retorcieron de risa en sus sillas. Los chicos que estaban pintando se acercaron con curiosidad. Interpreté que eran sus novios. No podía mantener el mismo registro con ellos, así que me mostré serio. Quería que volviesen a pintar la pared para que no interrumpieran la venta que había iniciado. Fui breve y conciso con ellos. No expliqué mucho, ni les di mucha conversación. Volvieron a sus paredes blancas. Me dejaron continuar el trabajo hasta que pude completar el equipamiento al completo. Todos los accesorios fueron de acero inoxidable. Las chicas se limpiaban las lágrimas de la cara cuando nos despedimos de ellas. El vendedor experimentado se quedó atónito. Me preguntó:

—¿Siempre haces las visitas así?

Le respondí que dependía de lo que percibía en las personas a las cuales iba a vender mi producto. No siempre se puede aplicar el humor, y si no eres hábil en la utilización de esta virtud, es mejor que no la utilices.

27. DOMINIO DEL LENGUAJE VERBAL Y DEL NO VERBAL.

Solo con hablar de lo maravilloso que es tu producto no es suficiente. Dominar el lenguaje corporal, paraverbal, proxémico, verbal y emocional, requiere del aprendizaje de muchas técnicas. Todas deben estar perfectamente alineadas y sincronizadas con el cliente.

28. VIDA PERSONAL SALUDABLE.

Para tener éxito en tu vida personal, esta debe estar perfectamente equilibrada. Un individuo con problemas es muy difícil que rinda en el terreno profesional. Recordad que somos seres humanos, no máquinas a las que dar comandos. Somos permeables a lo que nos sucede en todos los ámbitos.

29. ENCAJE DEL ESTILO NATURAL CON EL ADAPTADO.

Si desempeñas un trabajo que encaja con tu forma de comportarte, no te cuesta mucha energía trasladarte del estilo natural al adaptado y eres capaz de ejercer tus principales fortalezas, tendrás momentos memorables. El DISC (perfiles conductuales) y la Psicología Positiva, los practico con los equipos de ventas, tanto en formación, como en consultoría. Seguro que a ti se te ocurren muchos más elementos. Esta es una profesión de alto riesgo y alta preparación. Solo los que lo hacen, sobresalen. Este tipo de personas vende siempre y no les afecta las crisis. Lo han hecho durante la iniciada en 2008 y también en la que empezamos a sufrir en el 2020. Se adaptan a las circunstancias e introducen en su estrategia elementos nuevos para superar las citadas adversidades.

En Portugal, la crisis económica empezó en el 2005. Al terminar una conferencia que di para los mejores de ese país, se les preguntó por la crisis a los catorce que ahí estaban. Le llegó el turno de respuesta a uno de ellos, muy seguro de sí mismo. Con aplomo me respondió:

—¿Crisis? ¿Qué crisis? Si yo pensara en ella, no saldría de casa.

Me respondió con tal contundencia que todo el murmullo que existía en la sala cuando le formularon la pregunta desapareció por completo. Al finalizar su intervención, pregunté quién era. Me contestaron que era el mejor. Estos unicornios son unos apasionados y enamorados de su profesión. Sus resultados son su carta de presentación. No hablan. Venden. Sus comportamientos los definen.

Te dejo unas preguntas para que reflexiones:

- ¿Quién dijo que vender fuese fácil?
- ¿Quién sostiene que para vender vale cualquiera?
- ¿Quién afirma que vender no necesita preparación alguna?
- ¿Quién piensa que puede dedicarse a vender si no encuentra otra cosa?

Si lo piensas, vuelve a leer la lista. Antes de empezar, lee la lista. Antes de juzgar, lee la lista. Si tienes dudas todavía, sal a la calle e intenta vender.

Te propongo un reto: si no te dedicas a esto y piensas que somos unos caprichosos, o crees que estamos todo el día pegándonos la vida padre, sal a la calle. Te intercambio mi puesto por el tuyo. No juzgues si no quieres que hagan lo mismo contigo. Los vendedores de verdad eligen su profesión por convicción, no por necesidad. Podrían trabajar en otro puesto de la empresa y desempeñar sus funciones con solvencia, pero han preferido a las personas y salir ahí fuera. No escogen esta profesión como su última opción.

¿EN QUÉ SOY BUENO?

En las formaciones que he realizado en el primer semestre de 2023, los alumnos han destacado que cursar los dos módulos formativos del Método les ha ayudado a conocerse mejor. Trabajo con ellos conceptos de psicología positiva como el optimismo, la positividad y las fortalezas personales. Se estudia el funcionamiento humano óptimo. Martin Seligman y Christopher Peterson estudiaron las virtudes comunes a todas las culturas del mundo en los últimos tres mil años. Todas coincidían en seis, de las cuales, pendían un total de veinticuatro fortalezas. Centrarnos y ejercitarnos en las cinco principales nos traerá resultados muy interesantes en nuestro puesto. Focalizarnos y trabajar en aquello que se nos da bien, nos revitaliza.

Conocí la psicología positiva en el 2005. Desde entonces, he ido aplicando en mi trabajo todas las herramientas que me ha proporcionado. Los resultados hablan por sí solos. Experimenté crecimientos del veinticinco por ciento en los primeros tres años. En mis formaciones realizo el Test VIA de Fortalezas[3] de la Universidad de Pensilvania, en papel y en digital, y lo complemento con ejercicios y con el diseño de un mapa del equipo. Mis alumnos se sienten totalmente identificados con los resultados. Si no conocemos qué herramientas tenemos en nuestra caja de recursos, difícilmente podremos potenciar su uso para ayudar mejor a nuestros clientes. Tradicionalmente, la parte psicológica ha sido apartada de estas formaciones y, si alguna vez la han realizado, ha sido impartida por psicólogos sin ninguna experiencia en nuestro sector. Con el Método hago mucho hincapié en la herramienta más potente y, a la vez, más limitante que posee un vendedor: su mente. En casa nos hacían

---

3   https://www.authentichappiness.org

halagos del tipo: «Qué simpático eres», «Eres muy buena persona», «Tienes don de gentes», etcétera. Esto se decía con todo el cariño del mundo, pero no nos servía de mucho en nuestro camino de autoconocimiento. Este proceso nos ayuda a desbloquear recursos que teníamos dormidos; nos enseña a discutir nuestras creencias limitantes y nos faculta para poder identificar pensamientos perniciosos en los demás. Nosotros no vivimos en una burbuja aislada del mundo, sino que interactuamos con él. Somos permeables a todo lo que sucede alrededor. Por ese motivo, formarnos solo en técnicas es del todo ineficaz si quiero ser el mejor. Un vendedor es un ser humano con tres cerebros. Si solo trabajamos uno, el camino del fracaso está asegurado.

Cuando te conoces pueden darse varias situaciones:

a. Sabes cuáles son tus habilidades y competencias, pero la empresa te emplea en un puesto donde no las aplicas. Esta se mantiene firme y no atiende tus peticiones. Te sientes infrautilizado, desilusionado y carente de impulso. Tu perfil personal está muy separado del profesional. El esfuerzo que empleas en tu conducta todos los días te agota física y mentalmente.

b. Conoces tus habilidades y consigues pequeñas concesiones por parte de la empresa. Son flexibles y se han dado cuenta de que pueden «aprovecharte» mejor. Te sientes con más energía y la empleas en ser cada vez mejor en tu trabajo.

c. En este último caso, la empresa ha hecho una buena selección. Ambos perfiles encajan como un guante. Disfrutas con lo que haces. Eso se nota en cada gestión comercial que realizas. Tus clientes disfrutan contigo. Eso trasciende a tu propio egoísmo y derribas la barrera meramente mercadotécnica. Te conoces a la perfección, sabes quién erès, qué quieres y luchas con todas tus fuerzas para conseguir tus objetivos.

Vender es un ejercicio de amor en el que tu producto y tu marca resuenan con cada poro de tu piel. Cuando haces aquello que te gusta, disfrutas como un ejército de gigantes; la experiencia vivida es inenarrable. Conocerse es prepararse para dar y ayudar a crecer a nuestros clientes.

EL VENDEDOR COMO ACTOR PROFESIONAL

La profesión de actor y la de vendedor tienen varias similitudes. Lo nuestro es un arte solo al alcance de las mentes preparadas. Practicar una tarea y convertirlo en un talento es la máxima expresión de un desempeño óptimo. Es ciencia en movimiento. Se trata de un oficio que requiere del dominio de disciplinas como la inteligencia emocional, inteligencia social, psicología cognitiva, psicología conductual, psicología positiva, neurociencia, storytelling, negociación, tratamiento de objeciones, técnicas de cierre, investigación comercial, conocimiento del producto y el de la competencia, herramientas digitales y autoconocimiento, entre muchos otros. Cuando integras todos los ámbitos que se dan cita en esta actividad es cuando se producen momentos de máxima influencia. No solo debemos dominar todo este enorme listado, sino que estamos obligados a hacerlo en el momento y proporción adecuados.

Para alcanzar la categoría de arte en este ejercicio se requiere mucha preparación y muchos ensayos. Infinidad de errores y aciertos. Nada que contenga la palabra ventas es realizado sin esfuerzo. Quienes alcanzan esta categoría lo ensamblan todo con aparente facilidad, aunque detrás haya muchas horas de transpiración.

En ocasiones hay quien niega el carácter artístico de lo que hacemos. No estoy en absoluto de acuerdo. Afirmar este punto no elimina el componente científico de nuestra profesión, sino que lo eleva a su máximo nivel. Solo unos pocos dominan la dosis de ciencia y arte que deben suministrar por vía oral y sanguínea a sus clientes. En este olimpo de los escogidos, solo están unos pocos. Se requiere de mucha técnica y competencia; no está exento de virtuosismo ni erudición. Manejar la complejidad de este trabajo, integrar distintos ámbitos del conocimiento, y llevarlo todo al territorio analógico con soltura, síntesis e influencia, solo lo pueden ejecutar los vendedores con talento. El apellido de estos no solo no les resta ni una pizca de nivel, sino que los eleva por encima de la mediocridad de los que no venden. Ellos son los que nos inspiran y empujan a transpirar y a crecer.

En mi vida he visto a profesores de facultad que eran auténticos genios. Me seducían con su actuación. He conocido compradores que también lo eran. Directores de emisoras que destilaban actitud con cada exhalación. Lo hibridaban todo con una maestría y una aparente sencillez que me dejaba totalmente impactado. Personas talentosas encontramos por todos los lados, solo hay que educar la mirada y prepararse. Esforzarse y caerse. Sudar y aprender. Todo junto. Me encanta esta frase de Jeff Blount:

«Las ventas son una mezcla de arte y ciencia. El arte consiste en influir a otros para conseguir compromisos. La ciencia consiste en influir en las personas correctas».

Vemos qué similitudes tenemos con los actores profesionales:

a) Estructura.

El actor tiene una secuencia de actos en sus interpretaciones: el planteamiento, nudo y desenlace. Los vendedores deberían tener también una estructura en su proceso comercial. Deben tener un orden en su visita y un empleo, en el justo momento, de las técnicas contenidas en su plan de trabajo. Francis Scott Fitgerald, autor de una de las novelas más exitosas de la historia, «El gran Gatsby», escribió: «Dame un héroe y te escribiré una tragedia».

b) Guion.

Los actores disponen de un guion que memorizan en su totalidad. Quienes venden deben saber al detalle cómo es su producto y el de la competencia; conocer los puntos del discurso en el que harán más énfasis, aquellos en los que guardarán silencio y en los que aumentarán la velocidad; tienen que emplear técnicas narrativas insertadas en el discurso y controlar cómo mover el cuerpo. Los intérpretes siguen varios métodos para conseguirlo. En cierta ocasión, me formé como actor de teatro para mejorar mi actuación en el escenario durante mis conferencias. Tenemos mucho que aprender de Robert De Niro, Daniel Day Lewis y de Jodie Foster.

c) Interpretación.

El actor interpreta el guion en clave emocional, utiliza técnicas que conmueven al espectador, le provocan reacciones y movilizan su corazón. Nosotros debemos conseguir que nuestro discurso cobre vida. Debe trascender el mero lenguaje de los datos y las características y hablar el de las emociones. Solo así será recordado y se podrá diferenciar de la caterva de vendedores fotocopia que pueblan el mercado y que aburren al cliente. Cuando llevas a cabo tu papel, la energía en la sala aumenta y el cambio se acerca. Sin esa activación de tus palabras, tu discurso será plano, anodino, y provocará la total desconexión de la mente del cliente. Esta parte de tu visita se debe entrenar. A solas, con tu pareja o con un amigo. No dejes a la improvisación lo que vas a contar y cómo vas a hacerlo.

Los procesos de decisión de compra se encuentran en el territorio inconsciente. Esa zona solo entiende de un lenguaje, el no verbal. Nuestro cuerpo, tal y como afirmó el gran Ken Robinson, no solo lo deberíamos utilizar para trasladar nuestras cabezas a las reuniones, sino también para elevar al interlocutor con tu discurso. En mis talleres, cuando saco a mis alumnos a realizar la actividad de «storytelling», observo cuerpos torpes que no se alinean con su mensaje verbal, ni comunican más allá de su mera presencia. Lo tenemos dormido y poco utilizado. Debemos despertarlo y utilizarlo en nuestras visitas. Disfruto mucho con esta parte del Método.

d) Vibran con el contenido.

Una de las técnicas del método de actuación teatral de Konstantín Stalisnavsky es meterse literal y emocionalmente en la vida del personaje para poder interpretarlo de la manera más fidedigna posible. Para el actor Daniel-Day Lewis, bucear en el personaje es tan agotador y supone tanto desgaste emocional que solo puede hacer, según afirmó, películas cada dos años. Una de las prácticas de «storytelling» que enseño es la de vibrar con el tema que expones. Hacerlo tuyo y transmitirlo desde el corazón, desde dentro y con toda tu alma. Todo con mesura y en el momento adecuado. Si quieres provocar cambios de conducta en los clientes, tenemos que emocionarlos. Si buscas que te presten atención y se enganche a la temática que has venido a presentarle, deberás emplear un lenguaje mucho más rico que el de la palabra. El conocimiento sin movimiento es como un Ferrari cogiendo polvo en el garaje. Los actores manejan muchos métodos para interpretar, pero ¿cuántos empleas tú?

LA PRODUCTIVIDAD COMO OBJETIVO

La ley de Pareto se aplica a múltiples situaciones. En ventas, se incorpora al porcentaje de facturación de unos pocos y, según el formador Brian Tracy, también a las actividades del vendedor. No todas tienen un reflejo directo. Reflexionaré sobre esto.

Todos tenemos un objetivo irrenunciable: vender más y cada vez mejor. Sencillo, pero muy complicado en un mercado en el que el precio es esgrimido con frecuencia como único valor. Si empiezas a trabajar como un león, rellenas perfectamente toda la documentación requerida, asistes a las reuniones, entregas los informes a tiempo, llegas el primero y te vas el último, todo a la perfección, pero no vendes, serás despedido. No te engañes, si te han contratado para eso, más temprano que tarde te exigirán resultados.

Como director comercial, lo importante no es la gestión de tu cartera, sino el crecimiento de tus vendedores. Si no cumplen objetivos y tú has hecho todo lo posible por cambiar esta situación, puede que haya llegado el momento de tomar decisiones dolorosas para ambos. Para mí, esta ha sido siempre la parte más desagradable de mi trabajo. Aquí muestro un ejercicio muy interesante que planteo a mis equipos de ventas:

1. Haz tres columnas. En la de la izquierda anota tu actividad comercial.
2. En la siguiente, el tiempo que te ocupa cada una.
3. En la última, el porcentaje de contribución directa a los resultados.

Sé honesto. Calcula cuánto tiempo estás delante de la persona que decide. Elimina aquellas actividades que no se traducen en cierres. Por supuesto que hay algunas que son necesarias, pero seguro que hay otras que puedes obviar y te impiden ser más eficiente[4]. Cuidado con estos ladrones de recursos. Como empresa, ten cuidado en fiscalizar cada segundo de tu trabajador. No pretendas tener un control férreo del tiempo empleado y le obligues a registrarlo todo. Calcula cuánto tardan en rellenar partes, redactar correos, hacer presupuestos... Todo lo que invierten en burocracia es tiempo que les quitas para estar generando oportunidades de venta. ¿Eres ágil, o eres torpe y lento? El vendedor tiene que estar en la calle. No lo ates a informes, partes y lo controles al máximo. Confía en él. Sus resultados son su mejor carta de presentación.

EL VENDEDOR ES UN SER HUMANO

Los mejores profesionales no fingen. Son los mismos dentro y fuera del escenario. Esto tiene varias aproximaciones desde el punto de vista psicológico. Si no realizas bien su selección, te puedes encontrar con muchos problemas. De su acierto o no, y de la asignación de funciones, nos podemos encontrar con varias situaciones.

Hay dos maneras de gestionar un equipo de ventas: mal y bien. La primera es muy cara y la segunda reporta beneficios. ¿Cuál es la más practicada? La cara. Hay varias formas de hacerlo: la fácil y la compleja. ¿Cuál es la más frecuente? La fácil. ¿Es la que trae más beneficios? No. Puedes tratar a tus empleados como recipientes inertes que recibirán, hasta

---

4   https://youtu.be/J__3eFLS1yo

llenarse, catálogos, objetivos y comandos, o puedes tratarlos como seres humanos que sienten. La elección es tuya. Puedes decidir conocer mejor a tu equipo y estar más cerca de ellos, o puedes mantenerte en tu atalaya de General y, desde esa posición alejada, intentar dirigir y motivar a los tuyos.

Humanizar la gestión comercial requiere de habilidades y herramientas concretas que estén adaptadas a los tiempos actuales. Necesitas tratar la mente y el corazón de los vendedores. Esta profesión requiere de atención constante. Someterte a las exigencias de tu puesto, al miedo de perderlo y a los continuos rechazos por parte de tus clientes, exige un seguimiento cercano, un apoyo continuo y una capacitación permanente. Si fuéramos unas meras vasijas, serviría nuestro actual estilo de dirección. Racionalización y más racionalización; datos y más datos; resultados y reprimendas. ¿Acaso creemos que eso funciona? ¿De verdad pensamos que la política del palo y la zanahoria es eficaz? Si eliges lo fácil, no solo será lo más caro, sino que harás perder mucho dinero a la empresa. Tu puesto corre un peligro innecesario. Humanizar es complejo, pero te trae muchos beneficios, no solo a medio plazo, sino también a largo plazo. ¿Es difícil contratar? ¿Has pensado en fidelizar al vendedor antes? Hacer las cosas bien asegura la sostenibilidad de tu negocio. Construir equipo redunda en la atracción de buenos candidatos. Prueba a ver.

Los vendedores quieren trabajar en lugares donde se les respeta y se les cuida. Rehúyen de aquellos en los que el látigo del mando intermedio les azota sin piedad ni humanidad. No hay peor carta de presentación que la de una empresa con alta rotación de comerciales.

Si nos acercamos al vendedor y a sus circunstancias, ganaremos su lealtad y esfuerzo. ¿A que no parece muy complicado? Eso sí, aproximarnos a él no es tomar un café con él, ni irse a comer. Hay que permanecer a su lado no solo físicamente, sino también emocionalmente. Con firmeza y separación de puestos, pero sin imponer jerarquías. En cuerpo, mente, corazón y en el tiempo presente. Estar mientras estás; esa es la fórmula de la empatía.

Nuestro trabajador puede presentar diferentes estados. Es preciso disponer de herramientas que nos ayuden a identificarlos. Una de las que utilizamos nosotros es la desarrollada por el equipo de Yerbo con la dirección científica del psicólogo organizacional Carlos Spontón. Más adelante desarrollo ampliamente estos cuatro perfiles:

a. Vendedores con *engagement* (motivación) alto.

Están totalmente alineados con la empresa, disfrutan con su trabajo y se siente felices y realizados. Su motivación es máxima.

b. Vendedores aburridos.

Sus habilidades están muy por encima de las demandas del puesto. Se desconectan de las tareas y de las personas.

c. Vendedores tensionados.

Les encanta su trabajo, pero no recuperan. No descansan. Tarde o temprano pueden caer en un cuadrante del «síndrome de Burnout» (trabajador quemado).

d. Vendedores quemados.

Se desconectan de la empresa, de sus tareas y de sus compañeros. Se encuentran agotados, física, emocional y mentalmente. Ya no tienen recursos que emplear. Lo han dado todo. Sufren los efectos del cortisol en sangre y todos los problemas asociados. Por ese motivo, es muy importante la selección de vendedores. Dentro de la profesión existen distintas funciones que necesitan distintos perfiles. Es tan crucial mantener y hacer crecer tu cartera, como conseguir una nueva. Todo el mundo no vale para todo. Seleccionar bien requiere de una serie de herramientas que te ahorrarán mucho dinero y te darán resultados a corto plazo. Hazlo bien.

Humanizar la profesión no implica que tengamos que desterrar los datos. Nunca antes en la historia hemos tenido tantos al alcance de los departamentos de ventas. Tenemos mucha más información. Esto no significa que lo estemos aprovechando como deberíamos. Hoy no existe excusa alguna para no conocer el mercado y, en concreto, al cliente al que vamos a visitar. Cuanto más sepamos de él, mejor será el *rapport*[5] que estableceremos y mayores posibilidades de cierre tendremos. Sin embargo, hay organizaciones que se parapetan en los datos y se esconden en la tecnología para no tener contacto humano. Somos muy de extremos, o me vuelco en los datos al máximo, o funciono bajo impulsos instintivos. Seas del sector que seas y vendas lo que vendas, si no sabes relacionarte, tienes un problema muy serio.

Te voy a reproducir una automatización que me pone de los nervios. Las grandes empresas recurren a ellas:

—Gracias por llamar. Le informo que, por su seguridad, esta conversación será grabada —me contesta una máquina.

—Si quiere hablar con comercial, pulse uno; si quiere hablar con compras, pulse dos; si quiere hablar con atención al cliente, pulse tres; si quiere hablar con departamento técnico, pulse cuatro; si tiene una avería, pulse cinco…

Ahora no sé si pulsar tres, cuatro o cinco.

—Si no, espere.

Música de fondo durante unos minutos para que al final cuelgue.

Vuelves a llamar y vas probando números hasta que al final das con la combinación ganadora. En más de una ocasión me

---

5   *Rapport:* término inglés que se atribuye cuando hay sintonía con el cliente.

he sentido como un completo imbécil al principio, para después transformarse en un enfado de categoría cinco.

¿Gusta esto a los clientes? ¿Contribuye a su fidelización? Entonces, ¿por qué siguen haciéndolo? El uso de los datos puede ser comercialmente inteligente o un desastre. Vigila el peso que tienen en tu proceso comercial. Automatizarlo todo es muy peligroso. Que yo sepa, todavía seguimos siendo seres humanos. Si la tecnología no aporta calidad en la relación cliente-empresa, no sirve; si la tecnología no ayuda a mejorar el negocio, no sirve. Elimina todo artificio que obstruya las relaciones.

LA SALUD MENTAL DEL VENDEDOR

En este apartado hago una entrevista al psicólogo organizacional, Carlos Spontón. Está desarrollando herramientas que nos ayudan a conocer los estados mentales y emocionales por los que atraviesan los equipos de ventas de nuestros clientes. Con esa información, diseñamos acciones para mejorar su salud. En el Anexo 1 te dejo varios enlaces de interés sobre el trabajo de Carlos, e investigaciones relacionadas con esta entrevista realizada en septiembre de 2023:

P. Me alegra sobremanera tener a una persona con tu trayectoria profesional en esta entrevista. Cuéntanos, ¿cuál es tu ámbito profesional?

R: Mi ámbito profesional siempre estuvo ligado a las intervenciones psicosociales. Tengo un grado de psicología en la Universidad Nacional de Córdoba (Argentina) y una maestría en Psicología Laboral y Organizacional en la Universidad Jaime I (Castellón, España), entre otros estudios.

Desde hace varios años como psicólogo, divido mi tiempo entre tareas de atención clínica, consultoría en empresas, profesor MBA, investigador y, desde hace tres años, trabajo como director científico en Yerbo, una startup tecnológica.

P. *Soy consciente, desde que te conozco, que sigues evolucionando en el campo de la psicología organizacional. Háblame un poco de tus proyectos actuales.*

R: Actualmente, estoy desarrollando herramientas psicométricas con base científica que ayudan a entender temas relacionados con el bienestar laboral y cuyo foco es el de facilitar intervenciones psicosociales reales. Por ejemplo, hemos desarrollado el «Burnout index». Mediante una web app identificamos el riesgo de «Burnout» en pocos minutos. Pretende ser un chequeo preventivo. En casos extremos, estos son derivados a un especialista. El índice lo han usado más de 300.000 personas alrededor del mundo. Me siento orgulloso. Usamos ítems validados científicamente y facilitamos recomendaciones específicas según los resultados.

P. *Eres conocedor de que las ventas siempre han tenido un papel importante en las investigaciones psicológicas. ¿Por qué consideras que es relevante cuidar la salud mental de los vendedores?*

R: He estado muy atento a explorar opciones de ayuda profesional a equipos de ventas desde que te conocí en el Congreso de Psicología Positiva en el 2014 en Oropesa del Mar. En los últimos dos años he asesorado a directivos responsables de esta actividad en empresas automovilísticas, software, agro y del sector médico. El núcleo central de lo que intento aportar radica en dos apartados:

a) El cuidado emocional de quienes están trabajando en este sector.

b) La gestión del estrés y el bienestar laboral en el equipo.

Todo esto forma parte de la salud mental de la fuerza de

ventas, pero en muchos lugares, es un tabú hablar de este tema. Hay miedos muy recurrentes como, por ejemplo, el de ser estigmatizado si dice que tiene problemas de ansiedad, de sueño o de estados de ánimo bajos. Es una profesión en la cual los niveles de tensión son altos y conviven con la incertidumbre, competencias, velocidad, toma de riesgos y falta de herramientas tecnológicas, entre otros. Estos elementos la configuran como altamente estresante. Claro que también se disfruta, pero solo es sostenible en el tiempo si aprende a regular sus emociones y sus decisiones. El objetivo debe ser el de no exponerse a más estresores de los que pueda gestionar. Después de la Pandemia, han aparecido nuevos, como también recursos para poder superarlos con éxito. Uno de ellos fue el del miedo al contagio de los vendedores a sus familias. Algunos hasta sentían pánico a salir, otros querían dormir en la calle o en el coche. Posteriormente, esa misma fuerza de ventas, experimentó el agotamiento emocional derivado del descenso del consumo de sus clientes. Por suerte, el líder de esa área (más de doscientos trabajadores de todo el país) pidió ayuda para evaluar los riesgos psicosociales de su gente. Quería cuidarla. Evaluamos y facilitamos una serie de conversaciones grupales y decisiones organizacionales que ayudaron a disminuir el miedo, generar conciencia sobre hábitos de salud y lograr enfocarse en una nueva visión. Se sintieron protegidos.

P. *¿Qué papel desempeña la psicología positiva en tu trabajo como psicólogo organizacional y la plataforma tecnológica que estáis desarrollando?*

R: La psicología positiva ocupa un lugar central, tanto en mi trabajo como psicólogo organizacional, como en el diseño de las herramientas digitales de Yerbo. Es una rama de la psicología que complementa a la psicología tradicional. No busca pelearse con ella, sino que dice: «Miremos lo que va bien, lo bello, lo virtuoso de las personas, con la misma seriedad con la que miramos lo que va mal o los problemas».

En el campo organizacional, me facilita el trabajo, porque es una disciplina que me aporta un marco teórico que me ayuda a conversar con distintos grupos laborales a partir del foco en:

a) Las amenazas y las oportunidades.
b) Las debilidades y las fortalezas.

La psicología positiva también se basa conceptualmente en la teoría evolucionista y en la neurociencia. En la teoría evolucionista de Mihalyi Csikzentmihaly se afirma que lo positivo es lo que hace adaptarse a los grupos humanos a las adversidades ambientales. De la neurociencia toma los aportes fisiológicos que muestran cómo el cerebro humano es un organismo diseñado para responder al ambiente a partir de valoraciones automáticas (funcionamiento *bottom up*) y elaborativas (funcionamiento *top-down*), basándonos en «elementos positivos (oportunidades)» y «elementos negativos (amenazas)» del ambiente.

Otro ejemplo de conexión con la neurociencia es la manera en la cual Bárbara Fredrickson y su equipo de investigadores estudian las relaciones positivas (por ejemplo, el amor y la amistad) observando cómo se comportan los cerebros de personas, en distintos experimentos en su laboratorio, a partir de meditaciones guiadas. A su vez, las ideas de la psicología positiva se están utilizando también en el campo organizacional empresarial, porque facilitan herramientas que aumentan la salud y el bienestar en áreas específicas de empresas.

Como psicólogo, me toca ayudar a grupos a que logren niveles más altos de bienestar productivo (autoeficacia, emociones positivas, *work-engagement* y *flow*) para que puedan encontrar propósito y sentido en el esfuerzo cotidiano.

Un ejemplo de estas intervenciones está dado por la manera en la cual sigo las recomendaciones de la escuela española de organizaciones saludables (Marisa Salanova) de medir work-engagement junto a burnout en trabajadores, y no medir solo burnout cuando me piden evaluaciones de niveles de estrés en un área.

Las empresas están mudando de lo analógico a lo digital. Las transiciones traen muchas emociones negativas y positivas. Si estudiamos únicamente lo negativo, nos falta información. La psicología positiva, como ciencia aplicada, es una buena herramienta técnica para facilitar conversaciones que lleven a afrontar mejor la vida. Por ejemplo, te ayuda a mirar los problemas de desmotivación laboral con confianza, no solo para poder disminuir la desmotivación, sino también para aumentar los niveles de motivación.

Parece un juego de palabras, pero en realidad hemos mostrado evidencia científica, mediante estudios de regresión causal en congresos en España, Estados Unidos y Canadá de que, si solo trabajas lo negativo, la gente logra sentirse menos mal. Eso ayuda, pero también tienes que trabajar los elementos positivos de un grupo (por ejemplo, sus fortalezas) para que brillen, para que entren en flow y para que sientan un tremendo orgullo al realizar ventas que ni soñaban que podían hacer.

P. *Explícame cuáles son los riesgos psicológicos que tiene un vendedor.*

R: En general, se denominan riesgos psicosociales a los factores del trabajo que pueden impactar negativamente en la salud mental de un empleado. En el ámbito específico de las ventas, en estos últimos años, podemos ver cómo se mantienen algunos riesgos psicosociales clásicos (propios de varias industrias) y cómo surgen nuevos factores emergentes (que en esta área adquieren una importante connotación) que son producto de la aceleración exponencial de las tecnologías y la necesidad de una adaptación permanente. Una visión humanística del trabajo implica reconocer estos riesgos para detectarlos y gestionarlos.

A nivel de comunicación científica, están apareciendo publicaciones que están mostrando el impacto de lo que se conoce como «nuevos estresores digitales». Algunos de ellos ya se conocían de antes, pero después de la Pandemia, época en la que la mayoría de las empresas ha necesitado actualizar sus metodologías de trabajo combinando lo presencial con lo digital, ha provocado la aparición de estresores digitales. Se han vuelto más presentes en la vida cotidiana de muchas industrias de todo tipo. Te nombro algunos clásicos:

a) Presión temporal: por ejemplo, cuando tienes que contactar con muchos clientes potenciales, más de lo razonable, en un tiempo determinado.

b) Sobrecarga de tareas: este es el más típico. En general, se da cuando se suman las tareas digitales a las analógicas, sin planificación ni transición ordenada hacia metodologías ágiles o híbridas.

c) Conflictos: esto sucede cuando hay excesiva competencia entre compañeros/as de un mismo equipo de ventas.

d) Conflictos con líderes: la relación que más puede estresar a la vez que más puede protegerte del estrés laboral es la relación con tu inmediato superior. Esa asimetría comunicacional puede ser una fuente de confianza y tranquilidad o al revés.

e) Conflictos con proveedores o clientes: en este mundo, la relación con los clientes es el corazón de la profesión. Aquí se juega el entusiasmo, el miedo, la culpa, el orgullo, la sensación de logro, etcétera. Se ponen muchas expectativas en llevar a buen puerto esta relación (en modelos win-win) y cuando esto no sucede, experimentan tensión hasta que logran cumplir con los objetivos. También pueden ocurrir conflictos con clientes abusivos, entre otros.

f) Inequidad percibida: este factor no está tan presente, pero cuando aparece, los niveles de tensión son altos y pueden ser perjudiciales para la salud y también para el desempeño de quien lo experimenta. Muchas veces está relacionado con los sueldos variables, con tratos diferenciales desproporcionados entre compañeros, etcétera.

Y algunos riesgos psicosociales emergentes son:

g) Miedo a la obsolescencia: cada vez son más los trabajadores que sienten que sus competencias profesionales están obsoletas. A su vez, la generación de personal mayor (*Baby boomers*) necesita animarse a probar más las nuevas herramientas. Por otro lado, los más jóvenes necesitan revalorizar el rol de quienes tienen experiencia, a la vez que actúan como «embajadores digitales» de los veteranos. Todos se nutren entre sí.

h) Propensión al riesgo tecnológico de autoridades: este es un nuevo riesgo psicosocial, principalmente experimentado por técnicos y colaboradores, cuando una figura de autoridad prometió entregar un producto en determinado tiempo, y la persona encargada de desarrollar ese producto cree que no va a cumplir los plazos. La consecuencia es que van a entregar algo de poca calidad. A su vez, se imagina teniendo que resolver él mismo los problemas. En la industria tecnológica ocurre con más frecuencia de la que se admite.

i) Difusión de fronteras entre el rol laboral y otros roles vitales: este ha sido el gran estresor poscovid al haberse difuminado los límites de los «espacios y tiempos» de trabajo y de ocio. Muchos trabajadores llevan su trabajo junto a su móvil y están a un clic de un pedido o de un requerimiento de su jefe, proveedores, clientes, etcétera. Los horarios ya no existen.

j) *Algorithmic management*: ¿Cuánto tiempo crees que pasará hasta que tu jefe sea un robot? La gestión algorítmica (GA) se define como el uso de algoritmos programados por una organización para ejecutar parcial o totalmente funciones de gestión de la mano de obra, así como supervisar el trabajo, asignar tareas, objetivos u horarios, calificar la productividad y el rendimiento, tomar decisiones relacionadas con la remuneración e, incluso, sancionar a trabajadores (Parent-Rocheleau et al, 2023).

k) Despersonalización: el desapego afectivo es una de las dimensiones del «Burnout», pero también puede ser un comportamiento desencadenado por tareas laborales que impliquen muchas horas destinadas al uso de tecnologías y poco tiempo utilizado en conversaciones y relaciones interpersonales con «seres humanos». Actualmente, estamos aprendiendo a interactuar con «chatbots», etcétera. Pero también necesitamos re-aprender a relacionarnos con las demás personas para no perder de vista que somos seres sociales y que necesitamos de esa interacción para sentirnos bien.

l) Aislamiento social: cuando te dedicas a las ventas cien por cien *online* desde hace un tiempo, si te encuentras frente a tu monitor muchas horas trabajando, o bien si te comunicas con tus equipos mediante el teletrabajo (líderes, compañeros), aumentan las probabilidades de que experimentes el aislamiento social y sus consecuencias: miedo a la pérdida de poder, desinformación de lo que pasa en las oficinas centrales, desapego emocional en las relaciones con otros miembros del equipo, emocionalidad neutra o negativa, etcétera. Puede que a algunas personas les guste una cierta dosis de vida solitaria, pero en mi experiencia, por ejemplo, con estudiantes de doctorado que están realizando una estancia de investigación en distintas partes del mundo, la sensación de soledad produce tristeza, desmotivación y ganas de volver, aunque no hayan terminado sus estudios. Por eso es clave tener una buena red social de contención en el lugar donde estemos trabajando. Sin esta, no se producen las emociones positivas propias de la cooperación social.

P. *Se habla mucho de los departamentos de personas en las organizaciones. El nombre de Recursos Humanos parece que ha pasado a la historia, pero, realmente, ¿cuál es el grado de implementación de políticas de bienestar laboral en las empresas del siglo XXI?*

R: Por nuestra experiencia en el mundo de la tecnología, una vez que una empresa llega a un número considerable de empleados (más de treinta) se designa a alguien que gestione el bienestar de la organización. Cuando ya son dos o más personas, se denomina «Área de Felicidad», «People Care», «Área de Talento», «Employee Experience», etcétera. Todas son opciones lingüísticas nuevas para nombrar una sección que cumple las funciones que clásicamente se asignaban a Recursos Humanos. En mi humilde opinión, existe una frustración generalizada hacia las promesas de un área creada para una tarea tan difícil como cuidar los intereses de los empleados. Basta con mirar un poco bajo las alfombras y vas a encontrar esta frustración poscovid. Ojo, he visto trabajar muchísimo a personal de Recursos Humanos para poder facilitar la organización del trabajo en los turnos rotativos, adquisición de equipamiento técnico, cuidado del personal que está teletrabajando, etcétera. Creo que con esto no se cubren totalmente las necesidades. Estamos aprendiendo. Supongo que nos encontramos en la fase de ensayo y error, sin modelos de éxito como referentes que nos ayuden todavía.

Cuando estas personas (con mucha experiencia en escuchar a su gente y en detectar herramientas para proteger el factor humano) solicitan más presupuesto para a) activar un buen plan de cuidado emocional de su gente o b) generar un buen plan de carrera para capacitar en competencias digitales, por poner solo dos ejemplos, se encuentran con el impedimento clásico, expresado mediante una pregunta:

«¿Cómo podemos medir el retorno de la inversión (ROI) de estas acciones?» En ese momento es cuando se caen los proyectos.

Mi sugerencia es que todas las personas que estén en áreas de Recursos Humanos de todo tipo de industria miren cómo se van gestionando estos temas en las empresas más digitales, porque hacia esa dirección se dirigen las que van a sobrevivir. De nada te sirve detectar un «Burnout» de un vendedor en el mes de diciembre si lo podías haber evitado realizando un chequeo en agosto, que es cuando estaba empezando el proceso de deterioro de la salud. Terminas haciendo una «autopsia» de un problema, en lugar de prevenirlo.

P. *¿Son recuperables los trabajadores con «Burnout»? ¿Cuán largo es el proceso?*

R: Sí, lo son. Dependiendo del grado de agotamiento emocional y la sensación de vacío (cinismo, insatisfacción laboral profunda), es diferente el pronóstico de recuperación, el cual será dirigido por un especialista. Si tengo que darte una cifra, diría que te puede llevar no menos de seis meses ayudar (como psicólogo) a una persona a salir de su «Burnout». Por ese motivo, es tan importante prevenirlo y también la auto-prevención. En ocasiones me ha sucedido que, pese a recuperar al profesional, cuando este ingresó de nuevo en su espacio laboral, los estresores seguían estando ahí. En ese caso, la persona cambió de empresa. Con un nuevo ambiente, aparecen otras oportunidades en general. Durante el proceso, el foco terapéutico está en ayudar al afectado a tener una nueva mirada, una más saludable, sobre:

a) Sus estresores actuales.

b) Su estrategia de afrontamiento.

c) Rutinas diarias.

d) Entrenamiento en asertividad.

e) Descanso (en general obligatorio) mayor al habitual.

f) Psicoeducación en temas de estrés, inteligencia emocional, optimismo, foco atencional, regulación cognitiva de emociones.

g) Recuperación del estrés (corporal/mental/social).

Todo eso, teniendo en cuenta que la persona está con baja energía (capacidad de esfuerzo) y bajas expectativas sobre su trabajo. En algunas situaciones, se requiere acompañamiento con medicación para disminuir ansiedad o síntomas depresivos y, en muchos casos, trastornos del sueño. No todos salen igual de un estado de «Burnout». Si has pasado por esta circunstancia, ojalá hayas aprendido mucho en ese proceso doloroso. Si no lo has hecho, este volverá a aparecer. También he visto personas que luego se volvieron más empáticas y más inteligentes en el momento en que pusieron límites a la sobrecarga y a demandas injustas dentro del espacio laboral.

P. *Háblame de la importancia del descanso en la salud mental del profesional. Y en lo referente a lo digital, ¿existen estudios de desconexión digital y su influencia en la salud mental?*

R: El descanso es clave. Piensa que lo primero que ven tus clientes es tu rostro, si sonríes o no, si tus ojos miran atentos o distraídos, si tu cuerpo expresa orden y tranquilidad, etcétera. Si estás fatigado, quien está contigo se va a dar cuenta en un instante con solo verte. No le hace falta escuchar lo que dices o sufrir la poca paciencia que puedes tenerle. Tienes que descansar.

Me sirve enseñar a mis alumnos y alumnas de la escuela de negocios de la Universidad Católica, jóvenes con un nivel alto de ambición y desarrollo profesional, que el descanso debe estar presente si quieren tener un éxito sostenible en su vida. Conversamos sobre todas estas opciones.

a. Descanso corto: si tienes una hora para una reunión. Trata de hacerla de cincuenta minutos y diez de descanso y preparación.

b. Descanso diario: si quieres trabajar de nueve a cinco, usa una hora para almorzar. Por ejemplo, de una a dos. El sistema nervioso necesita predecir en qué momento vas a ingerir alimentos para preparar el estómago instantes antes, pero si no detecta cuándo vas a almorzar, no lo hace. Ahí aparecen problemas de úlcera, gastritis, molestias intestinales, etcétera.

c. Descanso semanal: la cultura nos ha regalado dos días semanales para desconectarnos del trabajo. ¿Por qué algunos siguen trabajando? Si no tienen otra opción, toca trabajar. Pero, gran parte de las personas con las que interactúo actualmente disfrutan de su fin de semana. Si no lo hacen (teniendo la posibilidad) es porque no han aprendido a gestionar sus experiencias de ocio, se aburren o no han descubierto aún la inmensa cantidad de experiencias que la vida les ofrece para su tiempo libre. Quizás las nuevas generaciones nos enseñen un poco más a disfrutar de los viajes, los hobbies, la música y las largas conversaciones con amigos.

d. Descanso mensual: aquí vivimos cerca de unas montañas accesibles y de paisajes espectaculares. ¿Por qué no aprovecharlos? Al menos una vez al mes, si tienes recursos, inviértelos en un viajecito de dos o tres días con tu pareja, familiares o amigos para contactar con la naturaleza. La renovación emocional y espiritual es significativa. Nuestra salud mental se beneficia de ese contacto.

e. Descanso anual: las famosas vacaciones. Veo que en tus vacaciones te lo pasas de maravilla, Iosu. Te felicito. Es parte de la inteligencia emocional saber frenar y disfrutar de ellas. Cuando mis pacientes me dicen que las aprovechan para trabajar en arreglar su casa, les digo que eso empeora el pronóstico de sus mejoras en su salud mental. Eso es cierto. La desconexión anual es necesaria. Está estudiado. Necesitamos al menos dos semanas para olvidarnos de los temas relacionados con el trabajo y renovar energía.

Respecto de la necesidad de desconectarse de las tecnologías digitales, te expongo dos áreas de estudios que buscan entender y regular su uso, con foco en el cuidado de la salud mental:

1. Una línea busca promover el derecho a la desconexión digital. Desde la perspectiva ética y del derecho, se asume que cada trabajador tiene derecho a estar desconectado de las tecnologías de información y comunicación propias de su actividad. Esto incluye no ser llamado u obligado a responder en días de descanso o fuera del horario laboral. Es un capítulo nuevo en el Derecho del Trabajo.

2. Otra línea de investigación estudia el impacto negativo en la salud (no solo en la salud mental) del exceso de uso de herramientas digitales. Por ejemplo, algunos estudios están mostrando cómo la luz de las pantallas interrumpe el funcionamiento correcto de la hormona melatonina. Esta hormona es la encargada de regular el ciclo sueño-vigilia a nivel diario. Se libera en la oscuridad y, cuando funciona bien, facilita la sincronización de las funciones del organismo y principalmente del reloj biológico. No es buena idea llevar el móvil a la cama. Mis pacientes me dicen: «Me quedo viendo TikTok o Instagram para poder dormirme». Eso es un autoengaño. Te retrasan el sueño. Te mantienen despierto porque esas aplicaciones están diseñadas para activarte los circuitos de dopamina, otra hormona cerebral relacionada con la búsqueda del placer y la satisfacción. Te hacen estar en alerta.

Como muy bien nos ha relatado Carlos Sponton, los vendedores no somos máquinas enchufables, sino que somos seres humanos que estamos sujetos a multitud de estresores derivados de ejercer una profesión tan dura y exigente como la nuestra. Esta dimensión debe ser abordada por los líderes comerciales. Para hacerlo con garantías de éxito, los directores comerciales y jefes de venta deberán adquirir las competencias necesarias y, en el caso de no tenerlas, pedir ayuda a sus empresas para humanizar la gestión. Redundará en aumentos demostrados de productividad, de fidelización, de mejora del trabajo en equipo y contribuirá a la creación de un clima positivo en el que apetece trabajar y recomendar.

CREE EN TU PRODUCTO

Si no crees firmemente y sin fisuras en lo que haces, no triunfarás. Hacerlo redundará en una serie de ganancias para el vendedor que te enumero a continuación:

1. Se genera coherencia: suenas a verdad. A los clientes no les gusta que les engañen; necesitan confiar en el vendedor, y si no transmites esa autenticidad en tu visita, no venderás.

2. Se produce congruencia: tu lenguaje verbal y no verbal transmite el mismo mensaje. Le «decimos» al cerebro reptiliano de nuestro cliente que puede confiar en nosotros y, por lo tanto, nos abrirá las compuertas de la fortaleza. Primer cerebro conquistado. Quedan otros dos.

3. Pasión y energía: quienes creen en su trabajo lo transmiten a otro nivel. El resultado es la consecución de la base de toda relación comercial: la confianza. Los mensajes transmitidos con energía encienden voluntades, iluminan la sala y seducen corazones.

Recuerdo que fue en 1998 cuando discutí con un distribuidor sobre esta cuestión. Solo sabía poner quejas al producto y regalar alabanzas a los de la competencia. Te reproduzco la conversación:

—Mira, Óscar, si no crees en lo que vendes y te gusta más la competencia, vete con ella —le espeté después de una hora de conversación en la que él desconfiaba.

—Pero es que estáis estancados, la competencia os ha adelantado por la derecha. Llevo ya dos años comentándoos este problema y no hacéis nada —respondió Óscar, visiblemente enfadado.

Siguió la conversación a modo de frontón de pelota vasca. La pelota rebotaba de un lado al otro sin que se ganara ningún punto por ninguna de las dos partes. Este distribuidor tenía tantas dudas sobre nuestro producto que no lo vendía con convicción. Poco tiempo después, se convirtió en nuestra competencia. Y al final, su empresa cerró. Es indiferente cuál sea tu marca, grande o pequeña, si no te la tatúas en el alma, serás un vendedor sin fuerza. Uno triste que no engancha. Creer en ti y en tus productos es la base sobre la que edificarás tu crecimiento como persona y como profesional. Hoy, tu marca es la mejor del mercado. Conoces sus deficiencias (como las de todo el mundo), pero la defiendes con todo tu corazón. Mientras estés representando a esa empresa y, siempre que lo hagas con la ética correspondiente, te debes en cuerpo y alma a ella. En un congreso, uno de los asistentes me preguntó:

—Iosu, ¿se puede desplazar a una multinacional con un producto nada conocido?

Le respondí que sí, y que debía aprender a construir valor para minimizar el peso de la marca conocida y sus millones invertidos en marketing. Si la operación se realiza de manera profesional, no importa tanto el sello, como la pericia y preparación que tengas.

Ventas y vendedor. Dos palabras malditas.

A principios de 2023, el visitador médico, German De Cicco, me pidió colaborar en su nuevo libro de ventas y dirección comercial. El ensayo merece la pena. Pude comprobar que las connotaciones que tienen las palabras vendedor y venta, son comunes a uno y otro lado del Atlántico. No son positivas precisamente. El texto versaba sobre los mitos que existen sobre esta profesión y uno de ellos era que para esta actividad cualquiera vale. Me recordó un artículo de El Mundo de 2017 en el que preguntaba: «¿Estudiaste una carrera y trabajas de comercial?» Y lo acababa con un: «El sesenta y ocho por ciento de los profesionales trabajan en puestos para los que están sobrecualificados».

Parece decirnos que para ejercer de vendedor no se requieren capacitaciones muy complejas ni demasiadas competencias. Es tan sencilla que únicamente un porcentaje muy pequeño de los conocimientos, adquiridos en el estudio de una carrera, son necesarios para hacer este trabajo. Seguro que el autor no se ha dedicado nunca a esto, ni sabe en qué consiste lo que hacemos. Pensará que cualquiera puede. Es muy frecuente que en cualquier foro no se hable bien de nuestra profesión; que entre los emprendedores y en las políticas gubernamentales, no aparezca la palabra clave por ninguna parte. Ha sido sustituida por los anglicismos *Key Account Manager* (vendedor de grandes cuentas), *Business Developer* (desarrollo de negocio), *Sales Manager* (jefe de ventas), *Chief Commercial Manager* (director comercial) y demás palabras que en su país de origen tienen peso, pero que aquí se emplean para ocultar el verdadero objetivo de una organización: vender. Germán nos relata las reacciones que tiene la gente cuando les comunica a qué se dedica: les palidece el rostro y les entran sudores fríos. Piensan que lo siguiente que va a intentar es venderles algo. Pobres infelices; no son conscientes de que siempre están comprando y de que siempre les están influyendo con productos o con ideas, y que les iría mejor en la vida si aprendieran a hacerlo ellos. Tengan el oficio que tengan. A mí, cuando me hacen la clásica pregunta, les respondo de manera firme y sin utilizar anglicismos ni eufemismos baratos:

«Yo soy vendedor». [6]

Y me vuelven a preguntar acerca de mis estudios. Cuando los enumero, se quedan mudos unos segundos para que, a continuación, me digan: «¿Qué pena no, habiendo estudiado una carrera?» Me da tanta pereza argumentar, sabiendo que no lo va a entender, que no les suelo contestar. Acto seguido, invento una excusa, me despido y huyo lo más rápidamente que pueden mis piernas. La profesión está mal posicionada en una sociedad española que la necesita como el comer. No sucede lo mismo en países como el Reino Unido, Estados Unidos, Canadá, Japón y China, por citar solo algunos en los que más importancia se le da. Me siento orgulloso de ejercer esta noble actividad; forma parte de mi identidad como profesional y como persona, es más que un trabajo para mí. Es un estilo de vida y una manera de entender mi papel en el mundo.

Cuando la gente rechaza las palabras «ventas» y «vendedor», se cierran muchas puertas a oportunidades que les pueden transformar y ayudarles a ser más resilientes y a tener un mayor control sobre su destino. Ya no dependerás tanto de terceros, sino de ti mismo.

La libertad que te otorga ser un vendedor no se paga con dinero. Tu salud física y mental se ven de inmediato beneficiadas. No dependes de listos, oportunistas, jefes pétreos y mediocridades de pensamiento. Eres libre para elegir. Escoger esta profesión ha sido sin duda una de las mejores decisiones que he tomado en mi vida. Tú decides. No te estoy diciendo en qué tienes que convertirte, pero sí que no debes prejuzgar sin cono-

---

6   https://youtu.be/pqRP7DMsQaM

cer. Ten la mente abierta. Conoce este mundo y quizás tu vida cambie.

MOTIVACIÓN DE UN VENDEDOR

Se ha escrito mucho sobre motivación. En esta ocasión os traigo tres teorías muy reconocidas. Trasladaré su importancia en el día a día. Te las muestro en la figura 5:

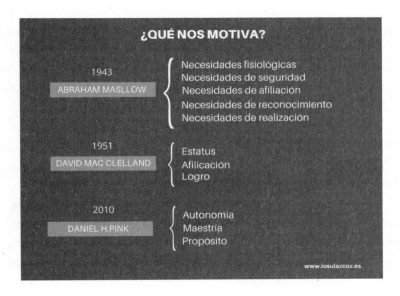

Figura 5.

La teoría de Abraham Maslow es la que más impacto generó en su época y, aún hoy, sigue en pleno vigor. Según el profesor de Ética en los Negocios de la Universidad de Navarra, Ignacio Ferrero, en los últimos cuarenta años la investigación al respecto es más bien escasa. En los vendedores jóvenes la prioridad está en la base de la pirámide de Maslow: los peldaños de las necesidades fisiológicas y de seguridad. Necesitan dinero para ganar independencia y así poder iniciar un proyecto de vida. Si no le ayudas en ese propósito, no te preocupes porque cambiará de aires más pronto que tarde. Si tiene un salario precario, difícilmente va a sentir los colores. Es muy complicado que aguante mucho tiempo en tu empresa. No le hables de felicidad y desarrollo futuro si no cubres lo básico. Establecer una política de retribución justa para una profesión tan dura, es un debe que tenemos que atajar cuanto antes. Estas políticas se encuentran todavía muy ancladas en el siglo XX. Deben evolucionar y adaptarse a los nuevos tiempos. Seguimos funcionando con sueldos: variable, variable más fijo y solo salario fijo. No contemplamos otras modalidades cualitativas como la flexibilidad en la presencialidad, días de vacaciones por cumplimiento de objetivos, seguros de vida, viajes para la pareja, guarderías pagadas, etcétera.

La segunda teoría es la de David Mac Clelland. Me voy a permitir la licencia de hibridar esta teoría con la metodología DISC de William Moulton Martson. Nombraré los cuatro perfiles: D, I, S y C.

1. Estatus: hay quien se mueve por la categoría del puesto. Serían los «D» del DISC. Asocian su valía a su nivel profesional y sus signos externos tales como: coche, casa, viajes, accesorios, etcétera. Quiero matizar que he extremado el perfil para identificarlo, pero tener un perfil «D» es muy valioso para la empresa y no tiene por qué cumplir las etiquetas que en algunos lugares le adjudican. Sin tener claros los objetivos y sin saber cómo conseguirlos, andan perdidos en una marejada de buenas intenciones y palabras que nunca aterrizan en ventas. Un «D» es un valor enorme en nuestra profesión, orientada claramente a obtener resultados y a conseguir que otros los alcancen.

2. Afiliación (pertenencia a equipos): valoran el clima en

la organización y pertenecer a un equipo con un propósito común. No les gusta destacar y siguen a un líder. Son los «S» del DISC.

3. Logros: orientados a los retos y su consecución. Son los «D» y los «I». Ambos perfiles necesitan conseguir sus objetivos para sentirse vendedores. Para sentirse vivos. Los logros conforman su autoestima. Esta actúa como combustible en su camino de mejora profesional. Hay cosas en la vida extrañas e inverosímiles: que me toque la lotería y conocer a un «I» que mantenga en el tiempo su ineficacia. Es una persona enfocada a las relaciones y a los desafíos. Siempre se encuentra en movimiento y en constante interacción con las personas. Si en tu equipo tienes un «I» y no vende, algo extraño está pasando. Me inclino por las siguientes explicaciones:

a. No está lo suficientemente motivado para el puesto.
b. No está contactando con las suficientes personas. Los motivos pueden ser varios: falta de acompañamiento y apoyo, aburrimiento, alejamiento de la empresa y del equipo, tiempo invertido en burocracia, ausencia de un proceso comercial definido y la desidia del propio vendedor como factor de peso.

Una vez conocí a un «I» que llevaba un año sin vender. Analicé su proceso comercial y llegué a una conclusión clara: pasaba demasiado tiempo en la oficina haciendo informes, elaborando presupuestos y, en definitiva, huyendo de lo que a él le motivaba: relacionarse con la gente. Al principio, leer el nombre de director comercial en su tarjeta de visita le supuso un logro, pero con el tiempo, su efecto se difuminó. Porque este oficio versa sobre relaciones, y un «I» está naturalmente equipado para ello. Una vez, en mi primer Máster, me pregunté:

¿Por qué no trabajas en algo que se te dé bien como relacionarte con las personas? Comprendí que esta profesión era la que mejor se adaptaba a mi recién diagnosticado perfil. En «Cómo ser el mejor vendedor del mundo. El método Sell It», realizo una entrevista a una de las personas que más sabe sobre los motores de conducta. Se llama Juan Daniel Pérez Fernández.

Este ha sido un ejercicio complejo. Por un lado, seguro que David Mac Clelland no pensaba en los vendedores cuando presentó su teoría y, por el otro, hibridar a ambos psicólogos, Martson y Mac Clelland, es también un ensayo teórico. Cuando leo psicología, enseguida surgen en mi mente todos los elementos comunes que dichas propuestas tienen. Al fin y al cabo, ninguna nació de la nada y todas se influenciaron las unas en las otras. El pensamiento y el conocimiento entienden de mezclas y de diversidad, no de estanqueidad. Hibridarse o morir. Esa es la cuestión. Pensadores del pasado nos alfombran el futuro. Solo hay un inventor de la penicilina: Alexander Fleming.

La tercera teoría es la de Daniel H. Pink, recogida en su libro «La sorprendente verdad sobre lo que nos motiva», donde nos habla de tres pilares de la motivación humana.

El primero es la autonomía. Está muy presente en muchos postulados de la psicología organizacional. Todo lo que cercene esta cualidad va en contra de la motivación del vendedor. Es lo referente, por un lado, al excesivo control sobre su actividad comercial y, por el otro, a que no siente que su opinión sirva para nada. Los KPIs y el GPS de los vehículos son unas herramientas fantásticas para controlarlo todo y, ya de paso, anular la poca autonomía e iniciativa que le pueda quedar al trabajador. Además, las veces en las que se le ha pedido su opinión, todas, han sido desestimadas.

El segundo pilar de la teoría de Daniel H. Pink, es la maestría. La formación continua se antoja imprescindible en la motivación y desarrollo. Los planes de carrera son otro debe a trabajar.

En último lugar, tenemos el propósito. Este también se ha trabajado mucho en psicología. Entronca con lo que llamamos motivación intrínseca. Es la más potente y duradera. Dale un para qué a un vendedor, más allá del beneficio económico que obtiene de su gestión, y lo convertirás en creyente, y no solo en asalariado. Los psicólogos Deci y Ryan demostraron, a finales del siglo pasado, que la motivación intrínseca dura más tiempo que la extrínseca (emolumento), es más fuerte y contribuye en mayor medida a la alineación entre el propósito del trabajador y el de la empresa. Esta motivación, principalmente, es la que uno trae de casa. Expertos afirman que esta le corresponde únicamente al empleado. No estoy de acuerdo. La empresa también tiene una obligación para con la vigilancia y el desarrollo de esa motivación. Crear climas que fomenten la competitividad, que azucen el miedo y que cultiven el aislamiento, generan tal toxicidad que disminuyen la motivación intrínseca. A un profesional le tiene que apetecer ir a trabajar, juntarse con sus compañeros y compartir objetivos de equipo. Hay empresas que no solo no motivan, sino que son especialmente habilidosas en eliminar, de manera implacable, la actitud que ya traías puesta. Si no estimulas, por lo menos no desmotives. Como ves, el campo de desarrollo es enorme. La receta del café para todos está obsoleta y necesita un cambio urgente. Pensar que todos «comemos» lo mismo es obviar las diferentes palancas motivacionales y, al final, eso se traduce en una fuga de talento. A todos no nos impulsa lo mismo, ni nos mueve lo mismo. Tener sistemas de recompensa que no tengan en cuenta la diversidad de caracteres que existe en un departamento, es abonar el terreno para que aparezca la desilusión y la apatía. Quienes sepan desarrollar la motivación intrínseca de los que trabajan para ellos, serán las organizaciones del futuro. Conquistarán mayores cuotas de mercado y captarán a los mejores, que querrán ir a trabajar ahí, aun a costa de renunciar a puestos mejor remunerados en otras empresas.

Una vez más, señalo la importancia de trabajar con el vendedor de manera holística. Hacer distinciones dentro del trato que les damos a unos y a otros, no solo es necesario, sino que te ayudará a retener a los más cualificados. No quiero decir tener tratos de favor en público con ellos. Me refiero a que tienes que tratar a todos de manera humana y profesional, pero a la vez tienes que hacerlo de forma diferente, en privado, con los vendedores estrella. ¿Qué estás haciendo distinto hoy con tus mejores vendedores? Todos son necesarios, pero cuando uno bueno se te va, el daño que hace a la empresa es enorme.

La motivación tiene diversas aproximaciones. Una de ellas es la que se relaciona con el Liderazgo Situacional de Blanchard y Hershey. Más adelante lo desarrollaré. En esta ocasión, me centraré en una bajada de escalón. Es la que se produce cuando un M4 (sabe y quiere) baja al escalón inferior y se convierte en un M3 (sabe y no quiere). ¿Qué ha pasado para que se produzca este cambio? Te enumero varias razones:

1. Reducción de la autonomía y aumento del control.
2. Escasa valoración pública de su desempeño y aportación a la empresa.
3. Sus ideas de cambio nunca se llevan a la práctica. Sienten que su opinión no importa.
4. Retribución injusta.
5. Sin posibilidades de promoción profesional.
6. Existencia de techos de cristal salariales. No superará una barrera mental que, de manera invisible, han construido desde dirección.
7. Se aburre. Los retos son inexistentes y nuestro vendedor estrella quiere seguir progresando.

La fuga de talento está servida.

CONSEJO

No trates a todos tus vendedores por igual. La sopa para todos no es buena. El talento que no es tratado como tal, huye. Establecer un proceso de coaching comercial con tu equipo es una muy buena herramienta. Para ello, el jefe de ventas o el director comercial deben adquirir los conocimientos necesarios para aplicarla con éxito. Individualiza el trato e integra a todos los miembros del equipo. Respetando sus diferencias y fomentando el flujo de habilidades y competencias entre sus miembros.

EL INVENTOR DE LA RESILIENCIA

Si hay una virtud que debe atesorar todo vendedor que se auto-denomine así, esa es la resistencia. Ernest Schackleton, explorador de la Antártida, partió de Inglaterra rumbo a Buenos Aires en 1914 a bordo del «Endurance» (Resistencia). El anuncio publicado en el diario «The Times» en 1913 rezaba así:

> «Se buscan hombres para un viaje peligroso. Sueldo bajo. Frío extremo. Largos meses de completa oscuridad. Peligro constante. No se asegura el retorno con vida. Honor y reconocimiento en caso de éxito».

Exactamente igual que los anuncios que publicamos en selección de vendedores, ¿verdad? Aun con la dureza de este anuncio, respondieron cinco mil candidatos. En una de las entrevistas que realizó para seleccionar marineros, le preguntaron: ¿Sabes cantar? Semanas después, cuando le cuestionaron por qué los contrató, Ernest respondió: «Porque me parecían divertidos».

El capitán era conocedor de la dureza del viaje que estaban a punto de emprender. En los momentos más duros, llenos de incertidumbre y miedo, era cuando más necesitaban sus marineros evadirse de la dura realidad. Sin esa cualidad del carácter, seguro que el resultado del viaje no habría sido el mismo. Por encima de las aptitudes están las actitudes, así lo entendió Ernest.

Su mujer, Emily Dorman, afirmó de él: «Una de sus mejores cualidades que atesora es que no se deja arrastrar por la mala suerte y la melancolía». Su capitán, Frank Worsley, dijo: «No creo que tengamos ningún pesimista a bordo». Y así sucedió. Su expedición quedó atrapada en una banquisa de hielo durante dos años. Se necesitaban otras habilidades para no sucumbir a la desesperanza. El propio Ernest, en la que se convirtió en una de las mayores hazañas del ser humano en el Polo Sur, seleccionaba a sus hombres por su nivel de optimismo. Concluyó que ese era el verdadero valor moral. Para librarles de la muerte, y en un ejercicio de liderazgo, inició un viaje suicida en busca de ayuda. Su equipo esperaría el rescate en una isla inhóspita: la isla Elefante. Las decisiones de Schackleton salvaron a todos sus hombres. Dos factores que contribuyeron al éxito, importantes en un equipo de ventas:

— Optimismo: mantener la esperanza a flote.
— Positividad: cantar, bromear, reír y llorar.

¿Cuál es el nivel de estos dos factores en tu departamento comercial? ¿Seleccionas en base a optimismo? Shackleton lo hacía a principios del siglo XX. ¿Cuál es la situación de las empresas en el siglo XXI? Las ventas son una carrera de fondo y necesitas avituallar a tu personal. El término resiliencia proviene del inglés «resilience». Es una cualidad que tienen los materiales de recuperar su forma original una vez que desaparece la presión que los deforma.

Ya a principios del siglo XXI, este término se puso de moda en las organizaciones para explicar el comportamiento de profesionales que se adaptaban bien a las situaciones estresantes sin romperse. Como siempre, nunca aparecemos para nada bueno en los titulares. Puedo afirmar, sin temor a equivocarme, que los verdaderos inventores de la palabra resiliencia somos nosotros. Si hay una profesión que te somete a la presión máxima (el estado final es el despido), es esta. Aunque se aplicó a la física originalmente, los vendedores ya llevaban cientos de años recuperándose de situaciones angustiosas; acuñaron el término en su subconsciente desde tiempos paleolíticos.

En épocas pretéritas, la penuria económica castigaba a las familias. Solo un miembro traía el pan a casa. Si no lo hacías bien, tu familia no comía, así de sencillo. Y ahora te pregunto: ¿quién inventó la resiliencia? Todo un ejemplo de estas actitudes lo representa la madre de los Hermanos Marx, Minnie. Recorría agencias y más agencias para encontrar trabajo a sus hijos. En una época de estrecheces económicas muy importantes, Minnie mantenía la alegría y el humor en casa. Iban de un teatro de tercera a otro recorriendo caminos polvorientos. No sabían si dormirían bajo cubierto después de sus actuaciones, ni de cuánto dinero dispondrían para cenar. Antes de viajar juntos, Groucho ya lo hacía solo. En su lucha por convertirse en actor, todavía no sabía si sería cómico, y con una caja de cartón llena de huevos duros que le había preparado su madre, hacía trayectos en tren larguísimos para perseguir sus sueños. Su familia era todo un ejemplo de esfuerzo y tesón, de optimismo y lucha contra la desesperanza, de rebeldía ante lo negativo y de lucha ante el mal que les intentaba doblegar.

La autobiografía de Groucho Marx, «Groucho y yo», lo relata. El estilo y las anécdotas coinciden con el de Harpo en

«Harpo habla». Tengo la impresión de que sus películas no eran ficción. Eran su realidad cotidiana. Reír, cantar, divertirse y afrontar las adversidades con esperanza y un tremendo sentido del humor, eran herramientas que les sirvieron para alcanzar el éxito que lograron. Todas ellas deberían estar dentro de la caja de todo vendedor.

QUIERO MÁS RECHAZOS

Los rechazos son necesarios porque ayudan a desarrollar el sistema inmune comercial. Sí, ya sé que suena duro, pero se aprende más de los fracasos que de los éxitos. Cuando fallamos, analizamos los motivos por los cuales hemos errado; aprendemos y volvemos a intentarlo con una nueva estrategia. Sin embargo, cuando acertamos, no hacemos tal análisis; caemos en la autocomplacencia y creemos que, a partir de ese momento, todo irá rodado. No extraemos lección alguna. Cuando se empieza, los rechazos son algo muy habitual. Conforme nos vacunamos en la calle, el número disminuye a medida que aumenta la maestría. Tu sistema inmune se desarrolla y fabrica todos los anticuerpos necesarios contra la desesperanza, la falta de autoestima y el abatimiento. Estos no se adquieren en una formación o leyendo cincuenta libros, sino que son incorporados a nuestro repertorio mediante la negativa de los clientes. Por ese motivo, cuando un vendedor novel me pide un consejo al empezar su carrera, siempre le doy este: «Realiza cuantas más visitas mejor. Recibe cuantos más rechazos mejor. Esa es la fórmula del crecimiento». En mi libro «El arte de vender» figura esta frase de Bryan Tracy:

«El día que te tomes los rechazos como una respuesta a

tu producto o tu servicio, y no como un rechazo a tu persona, ese día, tu crecimiento en ventas será exponencial».

Yo viví esta situación en primera persona. Sentí ese momento. Al principio de mi carrera, cuando recibía un no, me enfadaba. Si era un restaurante, no iba a comer ahí. Empecé a vetar lugares por toda la provincia. Seguí visitando y aprendiendo. Llegó un momento en el que los rechazos disminuyeron y ya no me los tomaba como algo personal. Comprendí que mis productos no eran para todo el mundo y que tenía que seleccionar mejor a mis clientes, así como preparar mejor mis visitas. También me di cuenta de que había quien valoraba mi producto y otros que tenían en cuenta solo su precio. Identificaba cada vez con mayor rapidez a los clientes-precio nada más empezar la conversación. A esos no les dedicaba un solo minuto de mi tiempo. Ellos tienen su mercado y yo el mío. Mis resultados no tardaron en llegar. Me sentía fuerte y ya no me enfadaba. Mi novia me agradeció que hubiera dejado de vetar restaurantes. Me sentía con una armadura de gladiador que era capaz de resistir los envites que, a buen seguro, esta profesión me tenía reservados. Este oficio es para gente flexible, para los que saben encajar muchos rechazos y que aprenden de ellos. No está concebida para pusilánimes. Cuanta más oposición mejor. Más fuerte te harás. Resiste, aprende y vuelve a intentarlo con las correcciones necesarias.

CONSEJO

Nunca dejes de visitar. Ni de aprender. Cuando lleguen los momentos en los que sientas un inútil, para. Analiza y corrige los errores que estés cometiendo. El cliente detecta en tus ojos que has sido rechazado con anterioridad. Percibe tu falta de confianza en tu producto. Por ese motivo no te dará la suya.

LA ACTITUD MARCA LA DIFERENCIA

«Si crees que estás derrotado, lo estás; si crees que no te atreves, no lo harás; si te gusta ganar, pero crees que no puedes vencer, es casi un hecho que vas a perder. Si tú crees que vas a perder, estás perdido; porque en este mundo encontramos que el éxito comienza en la voluntad del hombre y reside en una actitud personal. Si tú crees que eres inferior, lo eres; tienes que pensar en grande para elevarte. Tienes que estar seguro de ti mismo para alcanzar la cumbre».

Vince Lombardi

Esta frase fue pronunciada por el legendario entrenador de fútbol americano Vince Lombardi. Aquello en lo que piensas se expresará en una conducta determinada. La calidad de tus pensamientos determinará la dirección que tomará tu vida. Debemos huir de la simplicidad de frases huecas como «Conseguirás todo lo que propongas en la vida», «Tú puedes, piensa en positivo». Tenemos que aceptar que todo el mundo no vale para cualquier cosa. Tenemos que entender que todos tenemos nuestras limitaciones y que estas no coinciden con las de los demás. Es importante conocer cuáles son las nuestras para no dejarnos llevar por vientos que venden el paraíso cuando solo te llevan al estancamiento y la frustración. Con la misma diligencia tenemos que saber identificar a aquellas personas que tienen, lo que los psicólogos han llamado, mentalidad de cangrejo. Son quienes no pueden realizar algo y se esmeran en que tú tampoco puedas conseguirlo.

Leyendo un libro este verano he descubierto este concepto y me ha hecho una gracia terrible. Desde hace más de diez años, y antes de conocer que esta mentalidad ya había sido bautizada, empleo en mis conferencias un ejercicio para finalizarlas. Es el ejercicio del cangrejo. En él describo una serie de pautas para poder identificar a las personas que impiden que te desarrolles. Son los cangrejos. Describo cada paso y pregunto al público si conocen a alguien de su entorno que responda a este perfil. Las carcajadas y los gestos del cangrejo que hacen son de lo más elocuentes.

Te dejo este vídeo[7] para que lo compruebes. Lo que diferencia a los que triunfan de los que no es la actitud que toman ante las mismas circunstancias.

Mientras que dentro del mismo equipo hay quienes tienen una excusa para el fracaso, hay otros que, en sus mismas circunstancias, triunfan. ¿Cuál es la delgada línea que los separa? Su actitud. O como acuñé en 2012, su Optitud (fusión de actitud y optimismo).

CONSEJO

Huye de los cangrejos. Selecciona mejor tus compañías. Estas tienen más influencia en ti de lo que piensas.

LOS LOGROS Y LA AUTOESTIMA

En su libro «Flourish», el fundador de la psicología positiva, Martin Seligman, introduce un modelo teórico llamado P.E.R.M.A. Hoy me centraré en la A (*Acomplishment*/Logros). Es la primera vez que el autor incluye esta variable en la fórmula

---

7   https://youtu.be/YJIAhjf9mhc

del desarrollo profesional de los trabajadores. Conseguir retos no solo produce una cascada de secreción de serotonina en tu torrente sanguíneo, sino que refuerza tu autoestima apuntalando tu identidad como vendedor. Este neurotransmisor premia el logro para que vuelvas a intentarlo. Se llame como se llame lo que haces, si no consigues tus objetivos, languidecerás hasta tu desaparición y te diluirás en un mar de mediocridad. En un mar de perezosos. Te recomiendo el libro de Xavier Marcet titulado «Esquivando la mediocridad». Nadie como él retrata la realidad del mundo de la empresa.

Otro psicólogo, esta vez el canadiense Albert Bandura, introdujo el concepto de «Autoeficacia». Es la creencia en nuestras propias capacidades fruto de nuestros éxitos. Sin éxitos, no hay premio. El económico es el menor. El mayor es la creación de una autoestima sólida que te permita resistir los embates a los que la calle te somete. Es una fuente inagotable de esperanza y de energía. Sin ella, no lo intentamos.

Como decía Alec Baldwin en la escena cumbre de la película «Éxito a cualquier precio» (*Always Being Closing*): debemos vender siempre. Es nuestro ABC, independientemente de la edad que tengamos. Sea cual sea nuestra cartera. No pierdas el tiempo en actividades poco productivas. Zig Ziglar, uno de los grandes de todos los tiempos, pronunció esta frase hace más de cuarenta años:

> «Lo que obtienes al conseguir tus objetivos, no es tan importante como en quién te conviertes al conseguirlos».

Lejos de complejos estudios psicológicos, él hablaba desde su exitosa experiencia. Algo muy similar, y desde otro ángulo, he sostenido en alguna que otra ocasión. Vender te aporta un beneficio a corto plazo: la motivación extrínseca. No dura mucho y es muy bien recibida. Sin embargo, esto no representa la totalidad de la ecuación. Hay algo mucho más profundo: tu propia transformación.

Un profesional que consigue éxitos de manera constante evoluciona, ya no es el mismo que cuando empezó, no le motivan las mismas cosas, ni los mismos logros. Tiene hambre de mejorar de manera continua. Se fija objetivos cada vez más altos, pero no lo hace por la recompensa, sino por él mismo y su desarrollo. Su autoestima se consolida. No puede fallar a la persona más importante: a sí mismo. No debe estancarse. Necesita avanzar. Languidecer no es una opción. Busca sentirse vendedor; uno de raza que adore su trabajo y que sea inconformista. Alguien con autoestima defiende el precio, construye valor y lo hace en cualquier región o país, sin excusas. Quiere seguir vendiendo. No lo puede evitar. Es como el respirar. Si no lo hace, muere en vida.

Cada gestión realizada nos cambia y cada interacción con nuestros clientes nos mejora. Nuestras conexiones nos moldean. Recoger pedidos y holgazanear no son actitudes viables para nosotros. Como decía Steve Jobs: «Stay hungry. Stay foolish» (Permanece hambriento. Permanece loco). Necesitamos sentirnos activos y no vivir de un pasado glorioso que ya no nos sirve, como los que atienden cartera pero no crean nueva. Se encuentran cómodamente instalados en su zona de confort. ¿Cómo los motivamos?

Los profesionales que se sienten en activo y que consiguen sus retos son más felices y eso repercute también en su vida personal. Cualquiera no sirve para ser un reponedor. Un Ferrari no está concebido para estar en el garaje. Sus piezas van caducando, su cuerpo se anquilosa y su músculo se atrofia. Un vendedor sin autoestima no tiene fuerza y está vacío de combustible. Y esta es una tarea a largo plazo. Recorrer el camino que te llevará a tu mejor versión solo es posible si tu depósito está lleno. Buscar la excelencia te permitirá mantenerte actual y empleable.

CONSEJO

No vivas de las rentas. Si lo haces, dejarás de sentirte vendedor. Ese lastre lo arrastrarás toda tu vida. Así que ya sabes lo que tienes que hacer. Si has escogido esta profesión, no debes comprar tiempo, sino resultados.

NO COMAS EXCUSAS

Existen dos clases de vendedores: los que asumen su responsabilidad acerca de sus resultados y los que echan balones fuera. Los que accionan y los que reaccionan. Los primeros presentan un locus de control interno y los segundos, uno externo.

Una de las características de las personas que accionan, es que son optimistas. Sienten que tienen el control sobre su vida y sobre lo que les sucede. Esta sensación disminuye su estrés y mejora sus condiciones de vida, tanto personales, como profesionales. No pierden el tiempo en quejas inútiles y desechan aquellas circunstancias sobre las que no pueden actuar. Los sucesos negativos no se prolongan demasiado. Tienen una autoestima alta fruto de una decisión suya: hacer y no juzgar situaciones sobre las que no pueden influir. Son los que se sobreponen a las adversidades, resisten la presión y ayudan a sus compañeros. Muestran una actitud proactiva ante la dificultad. ¿Quién no querría a un perfil así en su equipo?

En el grupo de los que reaccionan tenemos a los que presentan un locus de control externo. Son las circunstancias las que manejan el destino de estas personas. No tienen ningún control sobre lo que les sucede y siempre están a merced de las excusas. Muestran una actitud reactiva ante los avatares de la vida. Te dejo esta brillante reflexión de Jim Rohn:

" Deje que otros tengan vidas insignificantes, pero usted no.

Deje que otros discutan sobre cosas sin importancia, pero usted no.

Deje que otros lloren por heridas pequeñas, pero usted no.

Jim Rohn

Deje que otros abandonen su futuro en manos de los demás, pero usted no "

www.iosulazcoz.es

Figura 6.

El glotón de las excusas es como una hoja que siempre está a merced del viento. No pilota su destino y deja su vida y su profesión en manos de factores y circunstancias externas. Siempre van por detrás de las cosas y con frecuencia se encuentran sumidos en un valle de lágrimas del que, o bien no quieren, o no saben salir.

La tentación vive en nuestra mente. Ante un error, tenemos una tendencia natural: explicar los porqués de nuestros fallos eludiendo cualquier responsabilidad. Deberíamos hacer un ejercicio de honestidad. En ocasiones, hacerlo es duro, ya que implica que debemos juzgar nuestra labor con crudeza y verdad. La posibilidad de encontrar excusas es la misma que tiene un adicto al chocolate cuando se encuentra delante de una tableta. Difícilmente se podrá resistir a comerlo. Nosotros hacemos lo mismo, nos decantamos por lo inmediato. Lo más fácil es elaborar complejos pretextos que nos dejan inmaculados y muy guapos en la foto. Dictamos sentencias y fabricamos las más enrevesadas estadísticas que expliquen nuestro bajo rendimiento. En el pasado, yo tampoco me he librado de ponerlas. Se encuentran rápidamente y requieren la inversión de muy poca energía. Cuando aflora una de estas justificaciones, la discuto con una técnica que enseño a mis alumnos: la de enfrentarte a tus propios pensamientos y creencias.

Las excusas nos inmovilizan y evitan que visitemos. Los resultados se ven afectados inmediatamente. La respuesta a por qué no vendemos más la tiene tanto el vendedor como la empresa. Razones para quedarse quietos hay mil. Se está muy cómodo sin arriesgarse. Se está muy calentito al calor de nuestra oficina. Las más típicas:

1. Siempre se ha hecho así.
2. No somos vendedores, somos…
3. Mi precio es muy alto.
4. Mi jefe no me apoya.
5. No tenemos una web atractiva. No tenemos web.
6. No somos conocidos.
7. Nuestro cliente es infiel.
8. La guerra.
9. La COVID-19.
10. La crisis económica.
11. No somos competitivos.
12. En mi sector no funcionan ciertas técnicas.
13. No me dan clientes potenciales.
14. El mercado está saturado.
15. No he recibido la formación adecuada.
16. No tengo la suficiente experiencia.

El porcentaje de responsabilidad más alto en los resultados de un vendedor le corresponde a él. El día que lo asuma empezará a despegar. Ser maduro a nivel comercial implica aceptar los errores. Al hacerlo, es cuando comienzas a ponerle remedio. Si no, nunca empezarás el camino.

Más abajo te dejo una escena de la película «Éxito a cualquier precio». Las excusas en esta escena están representadas por las fichas[8]. Hay un vendedor (Al Pacino) que no se entretiene buscando culpables. Él es el capitán de su destino. Mientras los demás se quejan, él hace llamadas.

8   https://youtu.be/j84EuwpvObQ

2. El vendedor híbrido

«En la naturaleza las especies híbridas son en general estériles, pero lo cierto es que en ciencia, a menudo, ocurre lo contrario. Los temas híbridos, con frecuencia, son asombrosamente fértiles, mientras que, si una disciplina científica se mantiene demasiado pura, al final se marchita».

Francis Crick, codescubridor del ADN.

QUÉ NO ES

Se confunde con mucha frecuencia al vendedor digital con el híbrido. El primero maneja las herramientas digitales con mayor o menor éxito, pero no vende en digital con la misma tasa de éxito que el vendedor híbrido. También se hace referencia a los trabajos híbridos. Son aquellos en los que se combina la presencialidad con el trabajo en remoto.

Tendemos a creer que, con tener perfiles en redes sociales, contar con muchos seguidores y obtener montones de «me gusta», somos profesionales modernos e híbridos. En realidad, este concepto se refiere a la fusión armónica y equilibrada entre el territorio analógico y el digital. Un vendedor digital que no domina las ventas 1.0 no se puede considerar híbrido. Se nota cuando adolece de herramientas y de conocimiento analógico. Los que se autodenominan así, y no lo son, confunden medios con fines, es decir, su objetivo es dominar las herramientas digitales, no vender con ellas. En el capítulo nueve desarrollaré más este tema con un artículo de Albert Ramos Catalán.

DESCRIPCIÓN DE LOS CUATRO PERFILES

Vivimos en un entorno de máxima complejidad, volatilidad, rapidez y confusión. En este escenario hay una virtud que se antoja necesaria: la claridad. Nos movemos en la ambigüedad, mezclamos los conceptos, decidimos rápido, con pocos elementos de juicio crítico y somos vagos para cambiar. Lo conocido y automatizado cuesta menos energía, mientras que lo nuevo supone adaptaciones constantes que nos consumen y nos dejan agotados. Aun así, hay personas que son plenamente felices con su decisión extrema: ser analógico o ser digital. ¿Hay una mezcla óptima?

En ventas no nos podemos permitir el lujo de movernos por los extremos. O soy cien por cien analógico, o cien por cien digital. Ambos cuadrantes no son los de la máxima eficiencia. Si no se produce la adecuada combinación, no cumpliremos objetivos. El mercado nos expulsará sin remisión. Muestro los cuadrantes de los perfiles posibles de vendedor en la figura 7:

Figura 7.

Te describiré los cuatro perfiles a continuación:

1. Vendedor analógico.

Es uno que no se ha preocupado por evolucionar. No ha adquirido habilidades nuevas y funciona en la zona de la incompetencia inconsciente. Languidece y poco a poco se aleja de las demandas del mercado. Sigue funcionando como siempre en piloto automático porque eso le ha dado resultado en el pasado. Es el clásico vendedor solitario sin grandes pretensiones que se conforma con su actual retribución. No tiene grandes objetivos, ni quiere un plan de carrera. Vende casi exclusivamente en el territorio analógico. Es un profesional anclado al pasado y que considera que ya lo sabe todo. No se actualiza y no invierte en su desarrollo. Está presente en alguna red social, pero no publica contenido propio. No trabaja su marca y no vende en la zona digital. Mayoritariamente, trabaja con papel y catálogos físicos y, ocasionalmente, con un dispositivo electrónico tipo tableta. Tienen por encima de los cuarenta y cinco años. Atesoran más de veinte años de experiencia comercial.

2. Vendedor digital.

Es un milenial (1981-1993) o de la generación Z- (1994-2010). Tiene entre veinte y cuarenta años. Con poca experiencia en ventas y todavía menos en el territorio analógico. Domina las redes sociales y publica contenido propio con frecuencia. Conoce muchas herramientas digitales. Le encanta la analítica web y los datos. Tiene muy poco contacto con las personas en el área analógica. Piensa que puede ser eficiente, fidelizar a sus clientes y proporcionar experiencias memorables, moviéndose exclusivamente en el territorio digital. Son unos apasionados de esta área y les encantan los anglicismos tales como *Funnel*[9], *Lead*[10], *Content*[11], *Developer*[12] entre muchos otros. Se abrazan a estas herramientas como su credo. Piensan que esta decisión los llevará a cientos de oportunidades sin salir del despacho. Prefieren estar frente a la pantalla que delante de las personas. Piensan que en el siglo XXI ya no van a necesitar lo analógico y que cualquier aprendizaje en esa dirección es cosa del siglo pasado.

Daniel H. Pink, en su libro «Vender es humano», hablaba sobre el vaticinio que los expertos daban sobre los vendedores analógicos con la irrupción de las redes sociales. Se equivocaron de manera estrepitosa. No solo no desaparecieron, sino que las fuerzas en este tipo de ventas no hicieron más que crecer año tras año en los países más desarrollados.

---

9   *Funnel:* embudo de ventas.
10   *Lead:* cliente potencial.
11   *Content:* contenidos.
12   *Developer:* desarrollador.

Parece que el asesinato de todo lo que huela a analógico, a humano y a piel, es tendencia.

3. Vendedor profesional.

También transita por el territorio analógico, pero la diferencia es que el vendedor profesional se ha formado en habilidades y competencias clave, tales como la escucha, el tratamiento de objeciones, la negociación, las técnicas de cierre y la venta consultiva. Ha evolucionado hacia puestos de mayor responsabilidad. Se ha preocupado de indagar sobre el mundo digital y está presente en alguna red social, pero nunca ha conseguido llegar a su objetivo en este medio porque le pilla lejos.

Son las personas que tienen más de cuarenta años y que atesoran más de veinte, como mínimo, de experiencia en el sector. En él predomina lo analógico, pero se ha instruido de manera continua en herramientas que le han convertido en un profesional eficiente. Es muy útil para las empresas, ya que hace bien su trabajo y lo demuestra todos los días. Cumple sus objetivos.

4. Vendedor híbrido.

Es la evolución del vendedor profesional. Ha profundizado más sobre las herramientas digitales y las combina con maestría con las analógicas. Nunca ha dejado de transitar por el territorio 1.0 y entiende que es necesario para el futuro. Interpreta que las buenas gestiones se establecen entre seres humanos y que, por lo tanto, no pueden desaparecer de la ecuación. Se da la hibridación perfecta entre ambos vendedores, el profesional y el digital. Sabe vender y se ha formado de manera continua. Es consciente de la potencia que alcanza cuando combina su conocimiento analógico con el uso de las herramientas tecnológicas. Consigue más alcance que el anterior. Trabaja mejor su marca personal y genera muchas más oportunidades de negocio. Es el que más sabe utilizar sus conocimientos y emplearlos en la gran cantidad de posibilidades que se pueden generar en ambos mundos.

Los cuadrantes tres y cuatro representan todo un reto para las empresas de este siglo. El camino a recorrer es enorme y el problema reside en que muchas abandonan lo analógico y se entregan sin reservas a lo digital, mientras que otras no quieren saber nada de lo tecnológico. Los equipos de ventas siguen el modelo más antiguo en su gran mayoría. La reconversión es urgente, pero la casa no se puede construir por el tejado. Debemos asentar los cimientos. Llegados a este punto, quiero adelantarte una definición propia de vendedor híbrido.

«Es el que ha nacido en el territorio analógico. Ha transitado y cogido mucha experiencia en él y nunca lo ha abandonado. Incorpora herramientas digitales que combina con maestría en el territorio en el que nos hacemos humanos: el analógico. Entiende que las ventas son humanas».

Este profesional es conocedor de las últimas herramientas sobre venta digital y las incorpora a su caja de recursos. Sin haber transitado previamente por el territorio analógico, es totalmente imposible triunfar en el digital. Si prescindimos de él en nuestra actividad, moriremos lentamente. Tanto un vendedor como el otro están lejos de la zona óptima. La distancia a recorrer por ambos perfiles es igual de grande.

Volvamos la mirada hacia el vendedor híbrido y su razón de ser. Las ventas se dan en el ámbito de lo humano, aunque se le ha abierto un horizonte enorme de oportunidades con la aparición de las herramientas digitales. Conocen cuáles son los resortes psicológicos que llevan a sus clientes a comprarles, sus dolores y, desde la empatía (cualidad humana), se ofrecen a ayudarles. Por ese motivo, saben elegir cómo aproximarse a un cliente nuevo, qué herramientas híbridas emplear y en qué momento. La zona óptima de funcionamiento comercial solo está al alcance de quienes se actualizan constantemente. El mercado avanza sin demora. Expulsa a los perezosos y a los autocomplacientes.

Como ves, lo digital no es sinónimo de éxito. Creer que sí lo es, es señal de un absoluto desconocimiento de este trabajo. ¿Necesito herramientas digitales para vender? Ríos y ríos de bytes han corrido de ordenador a ordenador, conteniendo palabros desconocidos para muchos, tales como digitalización, transformación digital, vendedor híbrido y ventas híbridas, por citar solo unas pocas. La confusión generada es enorme y eso crea incertidumbre, ansiedad y una niebla muy espesa acerca de la estrategia a seguir. Surgen preguntas tales como:

- ¿Debo digitalizarme?
- ¿En qué porcentaje?
- ¿Es suficiente con las ventas digitales?
- ¿Debo aprender también a vender en el terreno analógico?
- ¿Cuál es la diferencia entre la digitalización y la transformación digital?

Andamos perdidos y sin rumbo. O nos abandonamos a lo digital y nos parapetamos tras un escritorio, o huimos como de la peste de todo este mundo. En uno de los extremos tenemos a los vendedores analógicos de toda la vida que se resisten a adoptar herramientas digitales que les hagan más eficientes. O blanco, o negro. No existe ninguna mezcla de colores. Son espacios, el analógico y el digital, que forman parte de un mismo universo, aunque nos empeñamos en ponerle puertas y cerrojos. Es el mercado. Inexorable y rápido. No espera a nadie.

No es cuestión de preferencias. Necesitas ventas digitales, claro que sí, pero mi consejo es que vayas mucho más allá.

Recuerdo cuando empecé a utilizar herramientas digitales. Primero fue Twitter, luego Xing, de ahí me pasé a Linkedin a la par que descubrí la utilidad de Google para abandonar por fin las manidas páginas amarillas. En mis inicios era torpe. Fui aprendiendo de manera autodidacta. Me relacioné con expertos que me aconsejaron. Descubrí un universo nuevo que me permitió crecer. Posteriormente, empecé mi camino de marca personal con mi proyecto de formador y consultor. Para ello, aumenté el empleo de estas herramientas en un porcentaje alto. Todo estaba cambiando. Twitter se volvió menos familiar y más profesional e irrumpieron los políticos a la caza de votos; Facebook tuvo una gran pegada en esos años para ir perdiendo influencia de manera paulatina; Linkedin era y es mi red social favorita. Por medio de ella he conseguido que mi marca personal crezca año tras año. Solo lo he podido lograr convirtiéndome en un vendedor híbrido. No he llegado al final del camino, ya que me queda mucho por aprender. No soy un experto digital, ni lo pretendo. Quiero todo lo que me sea útil, en ambos mundos. No me adhiero a modas y me actualizo constantemente. Unas veces soy profesor y otras alumno. Eso me ayuda mucho en mis charlas a la hora de empatizar con los vendedores y de introducir dinámicas y discursos que les activen. Es muy duro estar un día entero en una formación. Para mí lo es.

Cuando iniciamos un proceso de consultoría para nuestros clientes, comenzamos con una formación. Para que el global del proyecto tenga éxito es imprescindible explicar muy bien qué es lo que conseguiremos y en qué se convertirán ellos una vez que participen. Al preguntar qué es la venta híbrida, la mayoría de las respuestas incluyen únicamente las redes sociales y el uso de las videoconferencias. Estas primeras representan únicamente una pequeña parte. Un vendedor ya es híbrido cuando comprende cómo funciona el mundo digital a la vez que sigue caminando por el analógico.

Te pondré un ejemplo: Hay que conocer qué importancia tienen las palabras en su trabajo, deben saber utilizar herramientas que les ayuden a identificar cuáles son más interesantes en cada momento, cuáles son mejores en función de su mercado, de los productos o servicios que venden y de cómo se está posicionando su competencia. En el mundo digital, las palabras importan. Y mucho. En el territorio analógico también tienen un peso muy importante, aunque nunca nos entrenemos en ello. Los discursos se preparan eligiendo muy bien qué vamos a decir, poniendo especial énfasis en los primeros minutos. En la venta digital las palabras nos ayudan a identificar intereses de compra, a entender en qué momento de esta fase se encuentra el cliente potencial, nos permiten situar a nuestros competidores, algunos de los cuales no habíamos tenido noticias, y nos informan acerca de cómo estamos posicionados frente a ellos. Las palabras son el comienzo de un viaje que nos llevará a la máxima preparación, que nos transportará hacia un conocimiento mucho más profundo del mercado, un trayecto que nos convertirá en mejores profesionales. En vendedores híbridos.

Cuando pregunto a mis alumnos qué les parece todo lo que están viviendo, la frase que más repiten es esta: «Nos sentimos abrumados». Y nosotros les respondemos que deben estar tranquilos. Todo lo que están aprendiendo lo llevamos utilizando y adaptando desde hace más de diez años. Es imposible saber cómo ejecutar todo esto en una formación de treinta horas.

El mundo digital está experimentando fuertes cambios. Hace tres años solo se hablaba del metaverso. Este vocablo fue sustituido por la transformación digital. Empresas y gobiernos se volcaron sin reservas a ambos mundos. Hoy tenemos otro invitado a la fiesta que complica aún más las cosas: la Inteligencia Artificial (IA). Aunque lleva con nosotros varios años, hoy se empiezan a ver aplicaciones en varias profesiones, incluida la nuestra. Los posicionamientos orgánicos, tal y como los conocíamos en el 2022, están mutando hacia buscadores con IA. Google lo está haciendo con mucha precaución para no ser canibalizado por él mismo. Han tardado en sacar un buscador al que han llamado Bard. El lenguaje SEO cambia constantemente. Se castiga a los que emplean solo trucos técnicos sin aportar valor al que explora. Habrá que ver cuál es el encaje de la IA de los buscadores con el clásico lenguaje SEO y SEM (publicidad en Google).

En 2022 nació OpenAI y ya están apareciendo, un año después, los de pago, como ChatGPT 4. Aún es demasiado pronto, en el momento de escribir estas líneas, para discernir cuál será el rendimiento de las IA. De entrada, te diré que para los redactores de contenidos es una muy buena herramienta, siempre y cuando un humano sea el que los «cure». Las aplicaciones de pago te muestran las fuentes. Esto es muy importante para validarlos, hacerlo con modificaciones, o desecharlos directamente. La revolución no ha hecho más que empezar. Seguro que dentro de diez años la actividad comercial, tal y como la conocemos hoy, habrá cambiado una barbaridad.

Te invito a entrar en un mundo apasionante en el que las oportunidades caminan a nuestro lado para que nosotros podamos conectarlas; uno que solo estará al alcance de personas con ganas y ávidas de conocimiento. ¿Te subes?

CONSEJO

Cuando decidas transformar digitalmente a tu equipo, no es suficiente con hacer un curso, sino que debes implementar y seguir toda una estrategia que afecta a las personas y a todos los procesos, con un foco de importancia máxima: el cliente.

3. Las ventas

*«Tú no construyes un negocio, tú construyes personas
y, entonces, estas construyen el negocio».*

Zig Ziglar

QUÉ ES VENDER

Con esta pregunta inicio todas mis formaciones. Recibo las respuestas esperadas que, si bien no son incorrectas, presentan una ausencia de pasión y amor. Vender es una de las profesiones más duras que existen y también es la más gratificante. Obtienes mucho más de lo que inviertes. Si hicieran un estudio del retorno de tu implicación en tiempo y esfuerzo, este trabajo saldría como vencedor entre el resto. Resistir los embates a los que te somete la calle solo está al alcance de personas resilientes. Si resistes ganas. Los hay que se rinden. Esto no es para cualquiera. Por ese motivo, abrazar el oficio no es nada fácil. La motivación no es la remuneración. Consiste en una forma de entender la existencia y las relaciones humanas. Requiere del contacto frecuente con otras personas. Cambias vidas. Por lo tanto, asumes una responsabilidad que exige de ti algo más que realizar una mera transacción económica. No fabricamos azulejos. Mejoramos el bienestar de nuestros clientes y eso demanda una implicación máxima, empática y auténtica. Vender no solo es un verbo que se debe aplicar exclusivamente en los departamentos comerciales de las empresas, sino en toda actividad que se desarrolle. Lo expresa claramente el experto en marketing, Philip Kotler:

«El departamento de ventas no es toda la compañía, pero toda la compañía debería ser el departamento de ventas».

En ocasiones, la empresa piensa que vender y fidelizar son competencias exclusivas del propio comercial. Estos, a menudo se sienten como una isla en medio de compañeros que hablan otro idioma.

Son etiquetados como caprichosos, alejados de la realidad y reciben respuestas como:

— No se puede.
— Eso es imposible.
— No.
— Siempre se ha hecho así.
— Ya te daré una respuesta.

Darse de golpes contra una barrera es desmoralizador, pero no para alguien persistente que recibe el apoyo de dirección. La misión de todos los integrantes de una empresa es la de servir y ayudar al cliente a que mejore su situación. Sin más demora que la estrictamente necesaria. El concepto de agilidad les pertenece a todas las partes implicadas. El cliente está esperando nuestra respuesta. Todos los procesos deben estar orientados a satisfacerle porque es la razón de todo esto. El foco es él, no nosotros. Tampoco lo son nuestros procesos y nuestra cultura. Démosle la importancia y peso específico que tiene. Las nóminas las paga él. Esto en ocasiones es muy difícil de hacer ver. Debe vender hasta el pomo de la puerta. Esto implica reconocer que todas nuestras actuaciones deben estar orientadas comercialmente. Todos participamos.

Imagínate una empresa donde todos colaboran a la hora de traer clientes potenciales, no solo los vendedores, y que la interconexión entre secciones sea muy fuerte. Esta será imparable, su potencia de fuego es brutal. La asignatura de ventas debería ser troncal en las escuelas y universidades. Todas las profesiones lo hacen de alguna manera, aunque nunca lo reconozcan. Psicólogos, médicos, arquitectos, emprendedores, políticos, profesores de facultad, coaches, consultores, empresas de comunicación y la sociedad en general, deberían aprenderlo. Todos saldríamos ganando. De eso estoy completamente seguro. Hacemos transacciones cada día, aunque no seamos conscientes de ello. Puedes emplear los anglicismos que quieras y los sinónimos que más te gusten, pero si tienes que influir en alguien, eso es vender.

Ahora bien, cuando pregunto a un júnior y sénior sobre en qué consiste su trabajo, las respuestas que casi todos me dan son:

— Satisfacer las necesidades de tus clientes.
— Intercambio de dinero a cambio de la entrega de un producto.
— Crear necesidades en los clientes

Todas las respuestas son correctas excepto la última. A las dos primeras les falta algo: alma, amor y energía. Le faltas tú. Y la tercera es completamente falsa. Nosotros no creamos necesidades. Estas son preexistentes a nuestra visita y su visibilización depende de la maestría que tengamos. Hay que traspasar la mera barrera mercadotécnica para llegar a una conexión total y sin reservas con tu cliente. Solo le harás disfrutar desde la posición que te comentaba al principio: abrazando la profesión con cariño, mimándola, acunándola y disfrutándola. Desde ahí serás diferente. Como rezaba el eslogan de Macintosh de 1984, hoy más vigente que nunca: «Think different» (Piensa diferente).

Los vendedores ofrecemos productos parecidos y de la misma manera. No hay diferenciación, sonamos repetidos, nos aproximamos a los clientes potenciales de la misma forma, de manera plana y no emocionamos. Nos hemos convertido, con el tiempo, en algo sin valor que lucha en un océano rojo lleno de tiburones dispuestos a hincarte la dentellada del precio. Hay un factor que nunca será copiado. Ese eres tú. Al hilo de esto me surgen varias preguntas:

- ¿Cómo te diferencias del resto de vendedores?
- ¿En qué eres diferente?
- ¿Por qué tengo que comprarte a ti y no a la competencia?
- ¿Ha construido valor tu empresa?

Todo está relacionado con las empresas con alma que saben quiénes son, a dónde quieren llegar, con quién y cómo. No se trata de regalarle el oído; no es decirle lo que quiere oír, sino lo que debe escuchar. Hay que darle lo que le hace falta, no lo que nos pide. Nuestro objetivo es ayudar. Sin ese propósito, nuestra acción comercial carece de sentido. Ser impopular, en ocasiones, tiene varias situaciones posibles.

En la primera, el cliente sabe lo que necesita a grandes rasgos. Será nuestra labor indagar bien para conocer la solución que mejor resolverá sus problemas. Para que mi investigación tenga éxito, deberé realizar preguntas certeras y preparadas con antelación. Tendré que estudiar la situación del cliente con anterioridad a la visita.

En la segunda, este cree que conoce sus necesidades, pero le falta información. Tiene una vaga idea de lo que tiene que hacer, pero ignora en lo que verdaderamente debería invertir. El vendedor profesional le guiará en el camino correcto para satisfacer sus exigencias y solucionar sus dificultades. La tentación que todos tenemos, o hemos tenido, es darle lo que más beneficio nos reportará a nosotros.

La última situación posible es aquella en la que el cliente desconoce sus problemas y urgencias. Esta es muy común. El vendedor conoce el sector y la empresa a la que está visitando mejor que nadie. Ha trabajado a conciencia la fase dos (Investigación comercial híbrida) del Método. Le descubre sus necesidades implícitas y las transforma en explícitas. Permanecían ocultas para el directivo. Este no cede a la tentación y no le da lo que pide. Si lo hiciera, sería el equivalente a una tienda *online* con piernas.

Esto es precisamente lo que enseñé al gremio de los carniceros en una iniciativa europea junto al Gobierno de Navarra (INTIA). Les mostré que debían ofrecer aquellos productos que mejor le fueran a la familia en función de sus demandas energéticas y de vitaminas; tenían que explicar qué es la carne roja y sus beneficios. También les correspondía alertar sobre los efectos que el consumo excesivo tiene sobre las personas y de los peligros que corremos al prescindir de su ingesta. Un carnicero no debe ser un dispensador de carne. Es tu asesor de confianza del que te fías. Es el que te asesora y guía por un camino que te llevará a una vida más saludable. Uno de los principales debes que detecté fue el de combatir la desinformación que existe al respecto. Existe mucha polémica en la que no entraré. Este libro solo pretende facultarte para poder ayudar mejor a tus clientes. No es un alegato en favor de una u otra postura. Debemos investigar y dedicarle tiempo y amor a nuestra actividad, abandonando la pereza de dar lo inmediato. Las ventas consisten en forjar una relación de futuro. No somos dependientes o dispensadores de producto. ¿Cuántos vendedores auténticos te encuentras en el comercio?

Voy a relatarte tres situaciones que, por ser hipotéticas, no dejan de ser reales.

1. Situación primera: Alumno.

Acaba la carrera y toca lo más duro: buscarse la vida. Ha recibido mucha materia, ha realizado prácticas y, además, ha hecho un Erasmus. Quiere trabajar de lo que ha estudiado y percibe a la profesión de las ventas como algo menor. «¡Yo soy científico!», se dice a sí mismo con orgullo. El resultado es que no ha aprendido habilidades de comunicación, desconoce los principios de la persuasión y no sabe cómo venderse. Vaga de un sitio a otro. En ocasiones acepta trabajos que aborrece y no termina de encontrar su lugar. Pasan los años y acaba su carrera languideciendo en el rincón por él escogido. Acepta sueldos ínfimos y una inestabilidad laboral enorme. Su vida depende de los demás. ¿Sucede? A diario. La solución pasa por capacitarse en una profesión que él o ella consideran menor.

En una ocasión, una conocida universidad me contactó para solucionar este problema. Me reuní con ellos dos veces y me emplazaron para encontrarnos de nuevo después de Reyes. Han pasado nueve meses. Desconozco el año al que se refería.

La lentitud y la burocracia mastodóntica no solo son perniciosas, sino que representan un serio peligro para las instituciones universitarias. Son entidades al servicio de los alumnos. No deben comportarse como si fueran del siglo XIX. ¡Ya no estamos en esa época! Es una pena que no nos enseñen a ganarnos la vida a los alumnos. Yo lo hubiera agradecido mucho en mis inicios profesionales. Es una lástima que los profesores, cuya responsabilidad (en mis tiempos no

126

la tenían) es ayudar en la inserción de sus estudiantes, no sepan vender ni crean que lo necesiten. ¿De qué te sirven los contenidos si no sabes comunicar en qué eres bueno? ¿Por qué te tienen que contratar a ti y no a otro si, en definitiva, no sabes influir sobre los demás? Las universidades deberían tomarse este tema en serio. Si hicieran una de las matrices más potentes que existen, la DAFO, se darían cuenta de que tienen una amenaza creciente y cada vez más numerosa: la enorme cantidad de oferta formativa que existe de calidad. Deberían saber construir marca, vender diferencias, atraer al alumnado, y tienen que saber hacer su trabajo de manera híbrida. ¿A qué distancia están de ello? Enorme.

Una universidad debe abandonar su autocomplacencia y reconocer con humildad que ya no son la cuna del conocimiento. En un mundo tan interconectado, con tanto Zettabyte circulando, ¿acaso pueden seguir pensando que el contenido solo lo albergan ellos? Seamos realistas.

2. Situación segunda: Trabajador de fábrica.

Lleva treinta y cinco años en la misma empresa. Con la deslocalización de la producción o la compra por un inversor, se produce un ERE (Expediente de Regulación de Empleo) de extinción para toda la plantilla. El negocio cierra y este trabajador no sabe qué hacer ni cómo poner en el mercado su producto: él mismo. Tiene una imagen de los vendedores como charlatanes de feria. Los ha visto hablando y hablando cuando han visitado su empresa y aborrece todo lo relacionado con su actividad. ¿Resultado? Paro. La solución la sabes, aunque hay que decir que aprender a vender no siempre obra milagros.

3. Situación tercera: Un emprendedor lanza una *startup*.

Aprende tecnología y marketing digital. Se siente a la última de todo. La imagen de su producto y de su empresa están sumamente cuidadas. Asiste a una ronda de financiación en Madrid con fondos de inversión. Fracasa. Nunca ha creído necesario saber vender, aprender a presentar y lograr influir. Es sorprendente cómo la palabra «ventas» no aparece nunca, de manera troncal, en los programas de emprendimiento públicos y privados, así como en el vocabulario de los que lanzan una *startup*.

Estas situaciones reflejan tres problemas que, a día de hoy, no han sido resueltos. Mientras pensemos que esta es solo una profesión menor, creamos que las ventas serán digitales y que eso conllevará el no aprendizaje de lo analógico, y no la incluyamos como asignatura en los programas, no solo de las universidades, sino de las escuelas de negocio, no creceremos como sociedad ni como país. Nuestro PIB depende de ello, al igual que nuestro bienestar y el de los demás. Pero parece que esto no es importante y, sin embargo, sí lo es endeudarnos como país por encima del 120 % del PIB.

SE NOS PAGA POR VENDER, NO POR TRABAJAR

Esta es la frase con la que empieza mi libro «El arte de vender». La reacción que provoca este título desde que lo publiqué, hace ya más de tres años, sigue siendo muy apasionada. No ha perdido un ápice de energía, ni de polémica. Es una expresión que, desde mi punto de vista, no tiene discusión. Con esto quiero afirmar que esta profesión se compone de la combinación correcta de talento y esfuerzo. No solo por trabajar mucho conseguirás tus objetivos, lo lograrás si, además, trabajas bien.

A los vendedores se nos paga por vender, a un alicatador por colocar azulejos, a un fontanero por traerte agua de la manera correcta, y así un largo etcétera. Si no estás preparado para poder soportar la presión, elige otro oficio. En este, te van a pedir resultados. Da igual las horas que trabajes, si lo haces mal y sin dirección, no venderás. Tu destino quedará fijado. Tradicionalmente, se nos pedían planes de cobertura, número de salidas, rellenar partes de trabajo y un largo etcétera de gestiones administrativas. Se rellenaban partes con hasta treinta visitas diarias. La mayoría de la información rellenada no le servía a nadie. Había que demostrar que se trabajaba, pero se erraba en el tiro. No te han contratado para cumplimentar información sobre tus visitas. Lo quieras entender o no. Esto también es aplicable a otros puestos relacionados con el desarrollo de la empresa y que tienen nombres en inglés.

Demostrar a qué te dedicas es un acto inútil si no consigues vender. Lo único que estarás haciendo es comprar tiempo, estresarte y prolongar una agonía que te afectará a varios niveles: físico, emocional, personal y profesional. No te engañes y asume cuál es oficio. No busques excusas. Sé maduro y asume tu responsabilidad. Tienes que tener claro qué se espera de ti. No te han contratado para que trabajes de sol a sol doce horas, ni para que rellenes todos los informes que te piden a cuatro colores, tampoco para que realices tareas administrativas. Si lo piensas, tu puesto corre un serio peligro. Si te han seleccionado para vender, no hay más que hablar, escribir, ni justificar. Debes hacerlo y punto. No te engañes y pienses que las empresas son oenegés, ni que como mi jefe es muy majo y comprende mi situación me va a seguir dando tiempo. Eso es precisamente lo que se te agota día a día si no cumples con lo exigido. Tarde o temprano te citarán en el despacho del director comercial y no lo harán para que le enseñes lo que has trabajado, sino para ver cuáles han sido tus cifras. Eso es lo que esperan de ti. A los delanteros no les fichan para que defiendan y corran de campo a campo durante todo el partido. Si no marcan goles, les despiden y su caché se ve afectado. Lo mismo te sucederá a ti si te sigues engañando. No caigas en la tentación de los «esques»:

— Es que no somos conocidos.

— Es que mi jefe no me apoya.

— Es que no tenemos una buena web que capte *leads*.

— Es que el Marketing no da *leads*.

— Es que nuestro producto está anticuado y la competencia más preparada.

Asume tu responsabilidad ya. No procrastines. No has comprado tiempo, te han contratado para que obtengas resultados. Si lo hubieran hecho para que cumplimentaras documentos, te lo habrían comunicado desde el principio.

Cuando empecé me dieron instrucciones sobre un par de catálogos y me mandaron a la calle. Sin cartera. Sin *leads*. Nada. Solo estaba yo frente al mercado. Un biólogo sin ninguna experiencia. Me contrataron por dos meses de prueba. ¿Qué hice? Vender. Te podría decir que, como soy el mago Merlín, lo conseguí fácilmente y sin esfuerzo. Te podría contar que, como conocía a mucha gente, mis inicios fueron sencillos. Nunca vendo a amigos ni a familiares. Es mi credo. Te podrás construir todas las artimañas mentales que quieras para justificar tu ausencia de resultados, pero he de decirte, que mis días eran de veinte visitas diarias. ¿Ves el esfuerzo? Y cada una no era entregar mi tarjeta e irme, sino que llegaba a estar con la persona que decidía. Empecé por el canal HORECA. Difícil, exigente e infiel, pero no me fue nada mal. Hoy sigo invirtiendo en mí para ayudarte mejor. Nunca me duermo. Siempre hay cosas que aprender y que mejorar. No te engañes más y ponle remedio. Pide ayuda. Si no lo haces, ya sabes lo que te espera.

El vendedor júnior (no por edad exclusivamente) alarga y alarga los procesos, le dice siempre que sí al cliente potencial, no vaya a ser que se enfade. No reclama el cierre y se muestra demasiado pusilánime y condescendiente. Estira la negociación hasta que la operación se enfría por completo. Mientras tú no te atreves, otro profesional te habrá arrebatado la operación. Por el contrario, el sénior reclama su premio. No le responde que sí a todo al cliente, sino lo que en ocasiones le molesta y le dice lo que no quieren oír. Reclama el valor de su tiempo y sabe qué dimensión es una de las enemigas más importantes del cierre y actúa con celeridad. Provoca el no o el sí y actúa en consecuencia. Si tú has cumplido tu objetivo diario a las nueve de la mañana, de ti depende qué hacer el resto del día.

Recuerdo una vez, en un acto de valentía o de estupidez por mi parte, que le comenté a mi jefe que, si conseguía los resultados a esa hora, tendría pleno derecho a hacer lo que quisiera el resto de la jornada. La mueca que esbozó intentando sonreír fue muy expresiva. Esto no siempre se entiende. Es como si instaláramos (aunque el gobierno lo hace) máquinas de fichar. Estaríamos afirmando que, si un empleado realiza sus ocho horas diarias, la empresa no tendría ningún motivo de despido. En el sector de los visitadores médicos y farmacéuticos se instala un GPS en sus vehículos. Miden la cantidad de trabajo, cuando lo importante es cumplir objetivos. La empresa sabe en todo momento lo que has invertido en cada visita, la zona que has trabajado y el tiempo que has gastado en rascarte la nariz o en ir al aseo. Si a mí me lo hicieran, dimitiría en el acto. Seamos resultadistas y no pongamos puertas al campo, tengamos control, pero con mesura. Centrarnos en la cantidad de horas trabajadas en lugar de en los resultados, es un error que se paga caro.

Las respuestas que obtengo cada vez que publico la frase: «Se nos paga por vender, no por trabajar», son de lo más variopintas. La última vez fue el treinta de octubre de 2023. Tuvo la repercusión más alta de todos los *posts* que he escrito en Linkedin. Fue visto por más de doscientas cincuenta mil personas, sin contar las veces que se ha compartido. Noto el escozor. La verdad duele. Son contestaciones muy sintomáticas. Revelan un problema: la ausencia de ventas. Se agarran al número de visitas, a que no se trata del número de transacciones, sino de hacerlo mejor. En definitiva, eluden el significado de esta frase. Te reproduzco a continuación algunas:

1. Gustavo.

¡Hola Iosu, muy buenos días! Creo que entiendo el objetivo y la explicación de tu frase, pero así tal cual no me gusta nada, porque para llegar a cerrar una venta hay mucho trabajo previo que muy pocos saben valorar y, por lo tanto, compensar. Saludos.

2. Jose Luis.

¡Discrepo totalmente! Vender es un proyecto con retos y motivaciones por lograr el objetivo. Trabajar es cumplir una misión en el horario establecido. Los vendedores exponemos todo nuestro tiempo y compromiso en aras del desarrollo de tu empresa y equipo, sin pedir explicaciones y, si en ciertos momentos tienes un tiempo para ti, esperas que tampoco te las pidan.

3. Antonio.

Cuando alguien pone el dedo en la llaga, como has hecho tú en este post, se suceden todo tipo de reacciones. Los vendedores de raza tenemos muy claro que se nos paga por vender. No se nos paga por trabajar. Es evidente que, sin trabajo y esfuerzo, no hay ventas. Pero esto no invalida el motivo real de nuestro trabajo: la venta.

4. Víctor.

Este post merece un aplauso, Iosu. Merece ser grabado en piedra y hacerle un pedestal. O mejor aún, hacer ver a los supervisores del tiempo «en silla», o «en coche», que no por mucho teclear amanece más temprano. Mirar a la pantalla no vende.

5. Carlos.

Mmmm. 20 visitas diarias sin trabajar de sol a sol… Mmm. Ok. Buena suerte.

6. Juan Carlos.

Completamente de acuerdo.

Un vendedor, si no atrae ventas, ¿qué hace?

LA ENERGÍA DE LAS VENTAS

Hay un enunciado en física que afirma que la energía ni se crea ni se destruye, únicamente se transforma. Podríamos decir que la energía potencial que alberga la mente de un vendedor se transforma en energía cinética cuando está delante del cliente y realiza su presentación. Añadiré un matiz que considero oportuno. Hay quienes la crean desde el primer momento, mientras otros transmiten el mismo entusiasmo que una berenjena del supermercado. Se trata de un acto de transmisión de energía. Si quieres que algo se mueva y venza su inercia a permanecer en reposo, o aplicas un esfuerzo que produzca un desplazamiento, o aburres hasta al caballo de un fotógrafo. Es la fórmula física del trabajo. Sin desplazamiento no hay trabajo ni resultados. Para que se produzca el cambio de posición tienes que aplicar en la fórmula una fuerza. Esta es la emoción. No solo interviene la física, también participan la química y la biología. ¿Sabes el porcentaje de emociones respecto al total que imprimes en tus presentaciones? Si no lo sabes, te recomiendo que lo midas anotando las veces que hablas, con el lenguaje emocional y el racional. Calcula el porcentaje de ambas y te sorprenderás.

Los clientes están cómodamente sentados viendo su película preferida. En ese momento irrumpes tú, uno más, afirmando que lo tuyo es lo mejor, que tu marca está presente en todo el mundo, que sois líderes y bla, bla, bla. ¿Crees que te abrirá la puerta? ¿Acaso no le han dicho lo mismo los innumerables vendedores que le han visitado antes que tú? Esta semana es la semana de las sinergias. He recibido cinco solicitudes para crecer juntos. Emplean palabras como «Win-win», colaboración, etcétera. Todas las llamadas intentan vender, no ayudar. Ninguna ha estudiado mi perfil en una mínima señal de empatía. No sé dónde han estudiado la profesión estas personas, si es que lo han hecho. Hoy, no les doy un solo minuto de mi tiempo. Cuando oigo la palabra sinergia, me pongo a temblar. En el cerebro del que lo enuncia está esta frase:

«Como no soy capaz de vender y además no quiero esforzarme mucho, voy a engañar a algún incauto para que haga el trabajo por mí y así ir a medias».

Cuidado, señores, con querer cumplir nuestro objetivo a toda costa, con quemar contactos y con *spamear*. Vender es cosa de dos, no una acción en la que solo ganas tú. Fórmense. Háganlo con cualquiera de los excelentes profesionales que existen. No insulten a este oficio. Inviertan y comprométanse con su mejora. No vayan de expertos cuando nunca han saltado al terreno de juego. Muévanse. Emocionen. No engañen. No descubran sus incompetencias. Todo deja huella. Aprendan a generar energía. Conseguirán movimiento y cambio. De lo contrario, el cliente potencial no te prestará atención. Sorpréndanle.

Te voy a relatar cuatro situaciones relacionadas entre sí.

En la primera, estaba en la feria de la construcción en Barcelona, CONSTRUMAT. La empresa me asignó a un compañero de habitación, que me dio instrucciones precisas para cuando empezara a roncar por la noche. Me asusté. A eso de las cuatro de la madrugada le hice caso. Me arrodillé e intenté moverlo para que se pusiera de costado. Lo conseguí, pero a los diez segundos siguió rugiendo con más fuerza todavía. Me había trasladado sin quererlo al parque de Yellowstone con los osos grizzly. Así pasé dos días hasta que, a la mañana siguiente, me encaminé a una farmacia. El dueño se sujetaba la cabeza con la mano derecha mientras atendía a un visitador farmacéutico. Entré con paso firme y decidido. Le pregunté: —Por favor, ¿tiene usted tapones como para oso cavernícola?

Las carcajadas del farmacéutico se escucharon hasta Montjuic. Había provocado una emoción. Estoy convencido de que, si yo hubiera sido ese comercial, le habría vendido algo seguro. Las emociones mueven voluntades. Si no sabes generarlas, tienes un problema.

En la segunda, me encontraba en Santiago de Compostela impartiendo una formación sobre el Método y, después de cada jornada, me dirigía con mi mujer a la Plaza de las Platerías, al pie de la Catedral. Allí observé un fenómeno muy curioso. Había dos vendedores de cupones. Uno tenía cola y el otro no. Mi interés hizo que me acercara a investigar qué estaba sucediendo. Reproduciré el lenguaje verbal, el no verbal y el paraverbal de ambos. No pretendo, Dios me libre, criticar ni dar lecciones a dos trabajadores que bastante hacen para ganarse la vida; lo que quiero conseguir es extraer una lección de lo que escuché y que te pueda ayudar.

Vendedor uno:

—Buenas tardes. Vendo cupones —decía.

Análisis paraverbal: no entonaba, su velocidad era muy lenta y cansina, y su volumen muy bajo.

Análisis no verbal: movimientos del cuerpo inexistentes. Rostro serio. Brazos caídos y sin movimiento.

Vendedor dos:

—¡Me ha dicho Santi que toca! No te lo puedes perder — entonó, el segundo, con seguridad y bromeando.

Análisis paraverbal: Velocidad alta, volumen alto (la plaza estaba llena) y con modulación de la voz.

Análisis no verbal: Acompañaba su mensaje con una sonrisa de oreja a oreja y movía los brazos y el cuerpo. Consiguió que todos los que le escuchaban se divirtieran.

El resultado es que, mientras la gente se arremolinaba para comprar al vendedor dos, el vendedor uno estaba solo. Si tu mensaje es plano, no sonríes y aburres, conseguirás que el interlocutor desconecte. Todo lo que acompaña a nuestra voz tiene mucho más peso en la comunicación, sin embargo, no hemos sido adiestrados en el arte de contar historias con todo nuestro cuerpo, con toda nuestra alma. Estarás de acuerdo conmigo en que nos molesta más el cómo nos dicen las cosas que lo que nos dicen realmente.

El lenguaje paraverbal es muy poco practicado en nuestros equipos. El porcentaje de comunicación no verbal y paraverbal es extremadamente bajo. Confiamos todo el peso de nuestro éxito en nuestras palabras. O somos un conferenciante profesional, o el fracaso está más cerca de lo que piensas.

Cosimo Chiesa, presidente de Barna Consulting Group, tiene una definición de lo que son las ventas con la que coincido plenamente:

«Las ventas son una transmisión de entusiasmo».

Cosimo es una de las personas más brillantes que he conocido en nuestro campo. Tuvo la gentileza de ser el prologuista de mi libro «Cómo ser el mejor vendedor del mundo. El método Sell It». Si solo transmites información, eres prescindible. Te habrás convertido en una tienda *online* ambulante. ¿Crees que tu puesto estará justificado solo con eso? Pregúntate si lo que transmites puede ser adquirido sin tu intervención directa. Si la respuesta es positiva, tienes un gran problema. O te pones las pilas y aprendes a ser imprescindible para tu empresa, o serás sustituido por una tienda en internet.

Esto me lleva a la tercera situación. Estamos en un mercado de un pueblo de Navarra. Hay tres puestos casi idénticos. Las verduras son de alta calidad en todos, están presentadas de idéntica manera y se encuentran en la misma zona. De los tres hay uno que destaca sobre los otros dos. Reproduzco una conversación que allí tuvo lugar.

—Buenos días tengan ustedes por la mañana. Verduras frescas puestas en su mesa. Disfruten de los manjares de la huerta navarra junto a sus familias —vociferaba, una y otra vez, el vendedor de este puesto.

En los otros dos puestos, los vendedores permanecían impasibles e inmóviles. Sus brazos caídos eran señal de poca actividad. Sus rostros no invitaban a acercarse. Estos observaban atónitos cómo su compañero de mercado se llevaba todos los clientes. ¿Aprendieron algo?

Llegamos a la cuarta y última situación. Me encontraba en uno de los congresos que organizaba llamado «Conecta y Cierra». Acudió un librero de larga experiencia para vender los libros de los ponentes. Me senté a su lado mientras él permanecía de pie sin pronunciar una sola palabra. Quien haya asistido a una de estas reuniones conoce cómo lo hago yo. Empecé a desafiar a los asistentes con reclamos que nunca se esperarían en una firma de este tipo. El hombre observaba sorprendido la cola, de unas diez personas, esperando a que les firmara. Él no colocó ni uno. No se los había leído siquiera. Si no sabes lo que vendes, sencillamente fracasas. Al finalizar, me confesó que no le interesaba esa clase de eventos. Yo le contesté: no me extraña. Si permaneces como un Madelman en tu puesto, no esperes que los demás te infundan vida. Si no transmites, te conviertes en un ser inerte y carente de atractivo. Hay que ser capaz de emocionar, de elevar y de trasladar a tus clientes a un estado mejor. Si no eres capaz de energizar a quienes tienes delante, dedícate a otra cosa. Ellos quieren volver a ser niños, volver a jugar. Conviértete en su actor transformador. No te conformes con vender solo productos o servicios.

EL EDIFICIO DE LAS VENTAS

Estamos un poco despistados a la hora de describir lo que son las ventas en pleno siglo XXI. Intentaré arrojar algo de claridad estableciendo una analogía con los elementos que componen un edificio:

1. Cimientos.

Un edificio que pretenda ser sostenible debe construirse sobre unos cimientos sólidos. Desde abajo hacia arriba. Los conocimientos profundos sobre lo que son las ventas te asegurarán un futuro; lo contrario te dejará a merced de los elementos. Te habrás convertido en un castillo de papel que ante cualquier viento de categoría dos sucumba rápidamente.

El británico Samuel Ross ha inyectado modernidad a marcas como Nike o Converse. Y ahora lo está haciendo con Acqua Di Parma. Tiene un dicho que me ha encantado, que refleja el trabajo de consultoría empresarial que realizamos en el equipo:

«Nuestro propósito es añadir una nueva habitación al edificio, no derrumbarlo».

Existe miedo a lo desconocido. Defendemos nuestra posición con uñas y dientes. No queremos que nada cambie. Los políticos saben mucho de la estrategia de tierra quemada. Nada de lo anterior sirve. Hay que derruirlo todo. Habrá consultores que, en un alarde de prepotencia y soberbia, echen abajo lo anterior. Ellos son los iluminados. No es nuestro caso. Entendemos ese miedo al cambio, pero cuando comprueban que aprovechamos lo bueno y añadimos una habitación nueva que potencia lo que ya había, entonces la actitud cambia. Ese cuarto lo creamos junto a quienes tienen la experiencia en su campo: nuestros clientes. Les decimos lo que necesitan, no lo que quieren oír. Tenemos que ser honestos.

2. Ubicación.

Habrá quien sepa cómo te llamas y dónde tienes ubicado tu edificio. Entrará para que le enseñes tus habitaciones. Estamos ante el marketing corporativo. Pero, ¿estás solo en el mercado? Quien no te conoce, ¿cómo te encuentra? Estamos ante el marketing transaccional. La mayoría de las empresas que nos contratan solo funcionan con el primero. Lo hacen muy bien, pero no atraen *leads* cualificados que no los conocen. Solo entrarán a tu edificio quienes te conozcan y créeme que representan un porcentaje muy bajo de lo que puedes captar. La ubicación es representada por el marketing.

3. Antenas.

Claro está que puedes adaptar una actitud basada en una sola «P» (Promoción) del Marketing Mix o aprovechar todo lo que el marketing digital puede darte. A continuación, te planteo una serie de preguntas:

¿Tu web es estática o dinámica?

¿Creas contenidos de calidad? Esto no tiene que ver con el número de likes de tus publicaciones, sino con el número de clientes interesantes que entran en tu edificio.

¿Qué KPIs utilizas de tu gestión comercial en tu edificio?

¿Qué ofreces a tus visitantes que sea diferente?

¿Cómo es tu vestíbulo? ¿Rezuma marca o es uno más? ¿Es frío y aburrido? ¿Es una copia de otros? ¿Das más importancia a la máquina de refrescos que a tu *merchandising*?

Tu edificio tiene que ser atractivo, sexy y moderno. En definitiva, uno que apetezca visitar. ¿El tuyo es así? Las empresas hablan desde el yo, en todas sus publicaciones, en todos los sectores. Exponen lo buenos que son, las recomendaciones que tienen, publicitan sus expositores en las ferias y anuncian las bondades de sus nuevos productos. Cuando les analizamos con herramientas digitales, solo se posicionan por marca. Es decir, que les encuentra únicamente quien los conoce. ¿No quieres vender más? ¿No aspiras a conquistar una nueva cuota de mercado? Entonces, ¿por qué sigues haciendo lo mismo? Misterios sin resolver.

LA COMPLEJIDAD AUMENTA

El entorno en el que competimos las empresas cambia continuamente. Lo que era válido para hoy, ya no lo es para mañana. Este ecosistema es líquido y gaseoso a la vez. Ocupa todos los espacios en la vida de los seres humanos. La línea que separa lo personal de lo profesional es cada vez más delgada. Somos más interdependientes de lo que pensamos. Lo demostró la Pandemia de la Covid de 2020. Una acción realizada en el otro extremo del mundo tuvo repercusiones globales que se generaron a la velocidad en la que se publica un tuit. Todos dependemos de todos. Para que el equilibrio se mantenga, los negocios que no se adapten serán eliminados.

Hace ya varios años, se pusieron de moda los entornos VUCA, pero, a diferencia de otras palabras famosas, este acrónimo ha resistido el paso del tiempo y dudo que nos abandone. Esto tiene una notable influencia en nuestro sector. Está compuesto por las siguientes letras:

1. *Volatility* (Volatilidad): la innovación es constante. La evolución de los productos y las soluciones también. Su caducidad se presenta cada vez más rápido. Estar alerta es una obligación. Aparecen remedios que facilitan mucho nuestro trabajo. Aquellos "Tengo que aprender esto» ya han dado paso a nuevos debes. Y esto es un proceso continuo. Estar desfasado es muy peligroso. Cuando las tareas se acumulan, nunca se realizan.

2. *Uncertainty* (Incertidumbre): El ser humano siempre ha estado sometido a la incertidumbre. Si se convierte en extrema genera miedo. Es el principal veneno de la esperanza. Es como la niebla. Cuando te enfrentas a ella, desaparece. Siempre la vamos a tener como compañera de viaje. La mejor manera de vencerla es tenerla atada llevando el control nosotros. Los profesionales saben mucho de esto. Siempre hay nuevos desafíos que acometer. El mundo cambia constantemente, el mercado muta y muda la piel, los interlocutores comerciales rotan, los séniores se jubilan, la omnicanalidad incorpora nuevas vías de comunicación, las modalidades de compra ya no son las mismas, ni las maneras de contactar y la gente ya no responde a los correos. Ya no es suficiente con los conocimientos de ayer. Se necesitan nuevas competencias para triunfar en un mundo que nada se parece al de hace veinte años. Este cambio constante genera incertidumbre y provoca ansiedad entre quienes nos dedicamos a las ventas. El ser humano se tensiona. Genera cortisol en sangre y sufre de estrés. Queremos tenerlo todo bajo control, tener atada con nuestra correa cualquier amenaza a nuestra situación actual y eso, créeme, no trae nada bueno. El cortisol causa estragos en nuestro cuerpo a medio plazo. Así que es muy importante diagnosticar en qué momento se encuentra el trabajador para actuar en consecuencia.

Anteriormente, te hablaba de la herramienta que ha desarrollado la tecnológica Yerbo, bajo la tutela científica de Carlos Spontón (psicólogo organizacional). Han diseñado una batería de mediciones de la salud mental de los equipos. Os adjunto una foto fija de los niveles de "Burnout» de un equipo de ventas de un cliente nuestro. En la siguiente figura te muestro las cuatro combinaciones posibles:

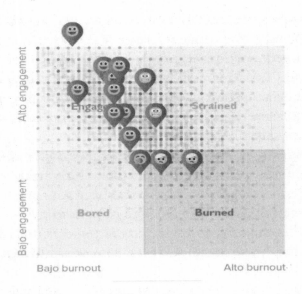

Figura 8.

La explicación de los cuatro estados la desarrollaré más adelante. Los seres humanos no podemos soportar altos niveles de tensión durante mucho tiempo. Corremos el riesgo de caer en la zona del «Burnout». Los vendedores no somos Superman. No podemos aguantar tanto estrés, actividad y alto «Engagement» durante mucho tiempo. Al final, nos pasa factura en forma de baja laboral. Te apasiona tu trabajo y por eso la empresa entiende que tienes una batería nuclear en tu interior. Tira y tira de ti. Te sientes invulnerable y valorado, pero esta hiperactividad y el alejamiento de tus seres queridos, al final, te pasan factura. Hay que tener en cuenta que todos tenemos una vida personal que hay que cuidar por el bien de todos. Si solo nos fijamos en la profesional, flaco favor le estaremos haciendo a nuestro equipo. ¿Qué sucede al final? El descalabro. El cansancio y la desmotivación se adueñan de nosotros. Si no descansamos y si no recuperamos, el desenlace es fatal. Sigamos con el acrónimo VUCA.

3. *Complexity* (Complejidad): En el año 2010 circulaba por el mundo un Zettabyte de información (un diez multiplicado por sí mismo veintidós veces). Equivalía a 500.000 bibliotecas académicas de Estados Unidos. En el 2023 se estima que superaremos los doscientos Zettabytes. Saberlo todo es imposible. Ante la cada vez más profusa y ubicua información, surge la siguiente palabra del acrónimo.

4. *Ambiguity* (Ambigüedad): Tal cantidad de bytes circulando produce falta de claridad, ausencia de rumbo y confusión total. Se hacen necesarias personas dotadas de perspectiva, capacidad de síntesis y de pensamiento crítico.

Si no fuera suficiente con este palabro (VUCA), de hace más de diez años, me he permitido la licencia de añadirle dos letras más: la T y la H.

5. Tecnología (T): Nos encontramos ante una nueva revolución, la tecnológica. Sirve de ayuda a los profesionales que la saben utilizar, así como a las empresas que pueden gestionar más eficientemente sus equipos, a la par que potencia el alcance de nuestras acciones comerciales. Bien empleada, puede traernos unos retornos más que interesantes.

En Ventas Híbridas hemos incorporado la IA (Inteligencia Artificial) en nuestros propios procesos. La tecnología trae consigo una derivada: la rapidez. Pero ojo, si solo aplicamos la IA y desterramos la Inteligencia Natural (tal y como afirma Xavier Marcet) esta estrategia está abocada al fracaso. Todo cambia y cada vez lo hace más deprisa. No nos deja ni siquiera adaptarnos, lo que nos genera más estrés.

6. Humanismo (H): La relación entre la tecnología y el ser humano ya fue denunciada en la película «Tiempos modernos», interpretada magistralmente por Charles Chaplin.

Las cadenas de producción en serie trataban al ser humano como una pieza más del proceso productivo. La tensión que existía entre las máquinas y los hombres, a principios del siglo XX, se transformó en una tendencia atemporal. Hoy podemos afirmar que se ha convertido en un «Trending Topic» eterno. Siempre lo es, y siempre lo será.

MÁQUINAS

Figura 9.

Desde la primera revolución industrial, a finales del siglo XIX, venimos arrastrando el duelo máquina-humano. Muchos expertos del mundo empresarial alertan de la progresiva deshumanización que estamos experimentando. Cada vez pasamos más horas en las pantallas, nos relacionamos menos, y nos gustan más las automatizaciones y los *bots*. Cometemos un error mayúsculo si nos alejamos de las relaciones con nuestros clientes y entre los distintos miembros de la organización. Aquella empresa que sepa conjugar la tecnología y el humanismo se hará fuerte, con identidad, personalidad y con futuro. Atraerá talento y seducirá al existente.

Si diriges a tu equipo desde tu atalaya, situada a cientos de kilómetros de distancia, si te comunicas sin mirada y solo con mails, y nunca aplicas piel a tus procesos, prepárate para el hundimiento.

LA PERSISTENCIA EN VENTAS

Esta profesión es más una carrera de fondo que un sprint corto. Por ese motivo, debes desconfiar de aquellos magos que te ofrecen el camino rápido hacia el estrellato. Eso no existe. Dar consejos es gratis. Pensar que leer un libro, suscribirte a un pódcast o asistir a una conferencia del gurú de turno, te convertirá en alguien de éxito, es una ilusión de la conciencia.

En junio de 2023 impartí una conferencia para el Colegio de Ingenieros Navarro. Al finalizar mi ponencia estuve charlando con un grupo de gente joven. Hice una metáfora del camino que he recorrido. Les recalqué que la diferencia entre ellos y yo eran los años y el esfuerzo invertido. Dibujé imaginariamente una línea cronológica en la que les situé a ellos y a mí. Hablaba desde la experiencia que me confiere este trozo de recta que nos separaba. La edad no siempre es un grado, pero en este caso les intenté aportar esperanza. No todos podrían conseguir lo que quisieran en la vida, pero sin esa actitud solo consumirían años, no una vida de aprendizaje y crecimiento. Por ese motivo, leer y asistir a cursos no es bastante. Tienes que recorrer tu sendero. Esto no se enseña en la universidad. Debería, pero soy escéptico en que esto experimente un cambio profundo a medio plazo. Desconfía de quienes te quieren llevar al Everest en helicóptero. Para crecer hay que recorrer un camino de lucha. Cada uno, el suyo. Me despedí de ellos con esta maravillosa frase de Winston Churchill:

«El éxito consiste en ir de fracaso en fracaso sin perder el entusiasmo».

Tan jóvenes y tantos mantras por comer. Las creencias circulan de manera libre, desaforada y sin ningún orden ni validez científica. Las ventas versan sobre persistencia inteligente.

No estés siete años golpeando la misma puerta si esta no se abre. Busca alternativas o abandona esa gestión. Dentro de la magia encontrarás afirmaciones tales como:

¡Haz este curso de un día conmigo y tus ventas se multiplicarán por cuatro! Esto es fácil si el punto de partida es cero.

¡Aprende a cerrar en diez segundos!

¡Trabaja desde casa y podrás recibir ingresos pasivos de treinta mil euros mensuales!

¡Voy a conseguir que vendas dos mil libros al mes!

Cuidado con los magos con facilidad de palabra. Mantente alerta de las publicaciones muy luminosas. No te dejes manipular por el lenguaje que emplean. Lo tienen muy bien pensado para que caigas en la trampa.

Mi carrera ha sido forjada a base de empeño y de mucha carretera, polígono, rechazos, lluvia y nieve. Por eso me enfado cuando me intentan persuadir, por ejemplo, para que invierta en una granja de ordenadores que me dará dinero sin esfuerzo. Eso no existe. Con lo vagos que somos por naturaleza, el mundo estaría lleno de multimillonarios. Los profesionales saben lo que cuesta vender, conocen los sacrificios que tienen que hacer y desconfían de las alfombras voladoras. El talento se forja en los talleres de la constancia.

¿Te asusta visitar? Pues tres visitas diarias.

¿El miedo te paraliza? Entonces, diez visitas diarias.

LAS VENTAS SON HUMANAS

Desde las cuevas del paleolítico, el ser humano ha lidiado con todo tipo de adversidades y ha creado nuevos recursos que le han permitido prosperar. Poco sabemos de esta remota época, pero su anatomía era muy similar a la actual. Hace más de un millón de años poseían estructuras cerebrales a las que se puso nombre en la segunda mitad del siglo XX. Hoy somos muy distintos y a la vez muy parecidos.

Cuando los antiguos cazadores recolectores evolucionaron para ser agricultores, necesitaron aumentar su repertorio de recursos. Uno fue el de aprender a influir sobre los demás. Esos antiguos homínidos se adaptaron a las nuevas demandas. En parte, lo hicieron desarrollando una mayor superficie de su neocórtex para tener el control y la administración de los recursos agrícolas. El pensamiento racional cobró cada vez una mayor relevancia. Los números hacen acto de presencia por primera vez, pero, aun así, seguíamos teniendo otras dos estructuras cerebrales. Ese ser humano necesitaba relacionarse para sobrevivir. La evolución les había dado una lección. Las poblaciones aisladas y sin vínculos sociales acaban desapareciendo. Miles de años después, aparecen los filósofos griegos. Platón encabezaba su particular cruzada contra todo lo que no fuera tildado como racional. En su academia había un cartel que rezaba: «Prohibida la entrada a todo aquel que no sepa de geometría».

Sigo con este repaso rápido de la historia. El Renacimiento es el momento con mayor número de polímatas (eruditos). Dominaban disciplinas como las matemáticas, la medicina, el arte, la filosofía, la poesía y la música, entre un largo etcétera. Mezclaban ámbitos de las ciencias y de las letras por igual. Siglo tras siglo se produce un aumento exponencial del conocimiento disponible, a la par que surge la necesaria especialización. En ese proceso se produce una desconexión entre las distintas materias. Se crean islas que compiten entre sí por los recursos. Este progresivo aislamiento empobrece al individuo y a la sociedad.

Ya a finales del siglo XIX, surge la revolución industrial como respuesta al creciente aumento de la población mundial y su correspondiente demanda de alimentos. El pensamiento racional crea máquinas y trata a sus trabajadores como piezas de un engranaje perfecto.

Hace poco, charlaba con un ingeniero sobre este asunto. Afirmaba que en la Facultad habían aprendido que las personas eran una pieza más de la maquinaria necesaria para producir bienes. En otra conversación, un amigo ingeniero que trabajaba en una multinacional japonesa afirmaba:

> «Eso de la Inteligencia Emocional es un cuento chino. Si a mi equipo le pido que me haga ciento cincuenta piezas por la hora y me lo cumple, no necesito nada más».

¿Acaso viven en otro planeta las personas que afirman eso? La inteligencia lógico-matemática se impone y acalla todo lo que nos hace humanos. Mientras tanto, Howard Gartner, Daniel Goleman, Marcial Losada, Robert Emmons, Robert Biswas Diener, Martin Seligman, Peter Salovey, Barbara Fredickson y otros tantos científicos ilustres, muestran su estupefacción y su sorpresa basadas en sus investigaciones. Esta visión estrecha del ser humano trae consigo enfermedades mentales, desarraigo de la empresa, escasa fidelización y, a la larga, disminución de la productividad. No es sostenible en el tiempo, pero las empresas desean perdurar. Esa incongruencia les puede salir muy cara.

La rotación de talento y el deterioro de la marca cuestan miles de millones de euros al año. Esa preponderancia de la inteligencia lógico-matemática sobre el resto de inteligencias (Howard Gartner publicó ocho) la venimos arrastrando desde hace siglos. Es importante y necesitamos incorporarla, pero también requerimos usar las demás. Si las desdeñamos, corremos un grave riesgo como personas, como empresas y como sociedad.

Debes analizar en qué porcentaje aplicas el lenguaje de las emociones, el que nos hace humanos. Como negocio, debes abrazar la transformación digital sin abandonar en el trayecto aquello que te hace de carne y hueso. Los *bots*, las automatizaciones del embudo de ventas y los cajeros automáticos de los supermercados, destruyen la variable humana. Yo siempre elijo a los cajeros humanos. Un milenial, no. Construir empleo es construir sociedad. Eliminar la comunicación nos convierte en seres aislados e incapaces de afrontar el futuro. Muchas empresas, universidades, colegios y escuelas empresariales siguen abrazando lo racional. Desprecian lo límbico y lo «blando»,. Lo reducen todo al neocórtex. Las emociones no existen. Antonio Damasio, un prestigioso neurocientífico, pronunció esta frase:

> «No entiendo cómo la medicina trata a la mente de manera aislada del cuerpo. Ambas forman parte de un todo que está estrechamente interconectado».

Este año es radicalmente distinto y más retador que los diez años precedentes. Requiere competencias distintas. Existe una tensión creciente entre lo humano y lo tecnológico. Ambos se necesitan y no pueden existir el uno sin el otro. Profesionales reputados como Andy Stalman, Seth Godin, Xavier Marcet y Martin Lindstrom, señalan la importancia de todo esto. Advierten de que toda actividad profesional debe tener un propósito más trascendental que lo puramente económico. Abandonarnos a lo tecnológico sin reservas nos instala en un mundo frío, desconectado de su esencia y de su fin último.

Según Xavier Marcet, la empresa es una trayectoria desde el propósito hacia el legado. La sociedad y el mercado no demandan racionalidad. La crisis de la Covid lo ha dejado más que patente. Vivimos en una época en la que las habilidades blandas están compitiendo con las duras. Esta metáfora tiene una fuerza enorme. Ha encumbrado a unas en detrimento de otras. Resulta que trabajar solo con las duras no nos va a ser suficiente para poder gestionar los entornos líquidos complejos a los que nos encaminamos. Solo con el neocórtex ya no es suficiente. Todo es mucho más complejo, volátil y mutante. En un mundo en el que todo se copia, en el que la originalidad no está muy presente, lo único que nos puede diferenciar es el factor humano. No conectaremos con nuestro público desde la imitación y desde los datos. Estaremos compitiendo con las máquinas porque nos habremos convertido en una de ellas y, créeme si te digo que tenemos todas las de perder.

La inteligencia emocional y social, el humor, la alegría, el amor, la bondad, la generosidad, la humildad, la serenidad, el valor, el optimismo y la escucha, entre otras, son cualidades propias de nuestra naturaleza que nunca podrán ser copiadas. Somos el resultado de millones de algoritmos biológicos. Estas secuencias de nucleótidos mutan desde hace miles de años en respuesta al ambiente y a nuestras interacciones diarias. Nuestra evolución como especie se debe a nuestra variabilidad genética producida por la mezcla de distintos ADN. Una especie perfecta, sin mezcla alguna, no habría sobrevivido. ¿Por qué piensas que los algoritmos digitales no van a correr la misma suerte?

Distintos pensadores de calado afirman que los algoritmos son infalibles. Son perfectos y no producen errores. Lo sitúan por encima de un ser humano al que acabarán sometiendo. Los genios han surgido en ciudades en las que ha habido combinación genética. Ir en contra de eso es ir en contra de nuestra esencia. Interconectarnos aumenta nuestra diversidad y con ello nuestra adaptabilidad al entorno. Pensarás que esto tiene poco que ver con las ventas, pero no es así. Las ventas son una mezcla, no solo de herramientas analógicas y digitales. Nos nutrimos los unos de los otros desde el inicio de los tiempos. Para bien, y para mal. Lo perfecto y el orden impoluto, lejos de errores, no es humano. No es evolutivamente posible. Y eso es lo que nos hace grandes, lo que le confiere sentido a nuestra especie.

El libro «Optimalismo Vs. Perfeccionismo» de Tal Ben Sahar abunda en ello. No nos volvamos locos con lo digital. Hay millones de algoritmos más potentes y más imperfectos. Cierta entropía es necesaria. Como diría Tim Hartford en su fabuloso libro «El poder del desorden»:

«Del desorden surgen creaciones maravillosas porque facilitan la interacción y el enriquecimiento mutuo».

Las ventas tratan sobre la hibridación, aunque no conozcamos el alcance de ese término. Todo lo que hagas que limite o cercene esta capacidad, está condenado al fracaso. Los algoritmos digitales nos han esclavizado. Nos manejan y nos dirigen. Consumen nuestro tiempo y nos vuelven adictos. Les damos todos nuestros datos sin saberlo. La rebelión de las máquinas ha llegado. Me siento más John Connor (película «Terminator») que nunca. Cuanto más tiempo pasas en las redes sociales, más horas te demandan. Les entregamos la vida. No lo permitas. Nosotros, en el equipo, asesoramos a las empresas en el uso útil de las redes sociales y de los medios digitales en general. Les enseñamos a sacarles partido y a no malgastar el tiempo. Es el activo más valioso que tenemos como profesionales. La inteligencia natural debe estar siempre por encima de la artificial, si sucede al revés, nos convertimos en máquinas teledirigidas.

OBSTÁCULOS

Siento desilusionar a aquellos que creen que las ventas:

—Se aprenden en un cursillo acelerado.

— No requieren de grandes habilidades ni competencias.
— Requieren solo de talento. Sin esfuerzo.

Desconfía de los grandes titulares, de aquellos que te venden la moto sin ruedas, de los que afirman que podrás aprender en treinta segundos. Recela de mantras vacíos y manidos como el de «Si quieres, puedes» y otros artículos de magia. Si pretendes convertirte en un vendedor de primera, tienes que estar dispuesto a pagar el precio. El cambio empezará en ti. No busques excusas ni culpables. Si decides apostar por esta profesión, esta te lo devolverá todo multiplicado. Te ofrecerá oportunidades en tu vida que jamás te habías parado a pensar. La decisión es tuya, y como dice Chris Gardner: «Y punto».

Según Zig Ziglar, consultor, existen cinco grandes obstáculos para que una venta se materialice. Al final, te añadiré dos más:

1. Ausencia de necesidad: Sin necesidad no hay venta. Hay un matiz que quiero añadir: Es posible que esta exista, pero que el cliente no sea consciente de ella.

2. Ausencia de dinero: El *lead* quiere tu producto, pero no se lo puede permitir. La inversión es tan alta que se escapa de su presupuesto. También puede suceder que el retorno de esta, al ser un acto de fe, sea percibido como menor que el propio gasto inicial. Sea cual fuere la decisión, no deja de ser subjetiva.

3. Ausencia de prisa: El tiempo es uno de los principales enemigos de la operación comercial. Si dejas que el proceso comercial se alargue, las posibilidades de cierre disminuirán enormemente. El cliente olvidará todo lo que has hablado, el asunto se enfriará y el cerebro racional (sistema dos de Kahneman) entrará en funcionamiento fabricando motivos para no comprarte.

4. Ausencia de deseo: Solo los mejores consiguen despertar el deseo de compra. Los japoneses le llaman «Otaku».

Es un deseo irresistible de consumir tu producto. El cliente está ansioso por tenerlo consigo. Si dejas al cliente indiferente y frío tras tu visita, no venderás. No hay mejor ejemplo que contemplar las enormes colas para adquirir el último iPhone.

5. Ausencia de confianza: sin ella, el guardián de las compuertas del castillo (cerebro reptiliano) no las abrirá. Te escuchará, pero ya ha decidido no comprarte. Añadiré dos más de mi autoría.

6. Interlocutor equivocado: No es quien decide ni tampoco será tu prescriptor porque no le ha interesado tu producto. Has perdido el tiempo. Deberás encontrar la puerta de acceso correcta. Averigua dónde está.

7. El cliente potencial no está en mente ni en espíritu: aunque su cuerpo está presente, él no está en la reunión. Está pensando en sus problemas, en la discusión con su pareja, y tiene prisa porque entra en otra junta en cinco minutos. En estas circunstancias, es mejor aplazar la cita. Hacerla te resta posibilidades, no ya en la visita actual, sino en futuras.

LA IMPORTANCIA DEL SILENCIO

Parecen un oxímoron las palabras ventas y silencio. De hecho, muchas personas asocian esta actividad con charlatanería. Sin embargo, el silencio es una técnica muy potente y ofrece unos resultados espectaculares si se sabe utilizar. Te expongo cuatro ejemplos de su uso:

1. En el tratamiento de objeciones. Después de escuchar una, guardas un silencio de tres segundos. El interlocutor se siente escuchado. En objeciones como:«Me lo voy a pensar», también se utiliza la «Ley del silencio» en la que el cliente, des-

pués de un silencio, se siente en la obligación de darte una respuesta. La presión está en su lado. El primero que habla, pierde.

2. Cuando das el precio de tu solución. Los precios no se explican cuando cierras la reunión. Has tenido toda la visita para hacerlo. Si vuelves a lo mismo, emites una señal de poca autoridad y confianza en ese importe. El cliente detecta una debilidad en ti que, a buen seguro, aprovechará pidiéndote descuentos. Cuando llegues al asunto en cuestión, se lo das y te callas. Tu tono, firmeza de voz y lenguaje no verbal deben estar perfectamente alineados y confiados.

3. En tu relato de storytelling. Si quieres destacar una parte de tu discurso sobre el resto, mantente callado después de nombrar una de tus ideas fuerza. Deja que tu cliente interiorice la importancia de este aspecto en tu solución. El silencio es un buen aliado, ya que pondrás el foco en lo que acabas de decir.

4. En la visita en general: si el porcentaje de tiempo en el que tú hablas es muy superior al que escuchas, significa que no has realizado una buena visita. Se trata de escuchar, no de hablar.

En la vida también es muy beneficioso el silencio. En un mundo con tanto «ruido» procedente tanto del exterior como de nuestro interior, aplicarlo en nuestro día a día trae beneficios probados.

4. El mercado

*«Los mercados pueden mantener su irracionalidad más
tiempo del que tú puedes mantener tu solvencia».*

John Maynard Keynes

OPERATIVA VERSUS ESTRATEGIA

Comenzaré esta parte con una reflexión de Neil Rackham, psicólogo y consultor de ventas:

«Durante muchos años he mantenido muchas discusiones sobre las grandilocuentes aproximaciones estratégicas al mercado. Con mucha frecuencia sus explicaciones eran muy convincentes y satisfacían a los mandos, pero, cuando estas ideas se llevaban a las trincheras, no se traducían en avances en las operaciones de venta de los vendedores.

Durante muchos años la estrategia ha descansado en unos pocos. Nunca en la operativa de ventas, es decir, en los vendedores».

Toda una declaración de intenciones de lo que sigue en su fabuloso libro, antes mencionado, «Major Account Sales Strategy». No defrauda. El autor gira el foco, y, en lugar de dirigirse hacia el proceso comercial de las empresas, lo hace hacia el proceso de compra de los clientes. Establecer un plan estratégico es muy importante, pero llevarlo a la práctica lo es aún más. La operativa se da por hecha. Es por ello que se le presta muy poca atención. Es fundamental que esta esté bien definida y registrada para que todo el mundo conozca el cómo. Es la que va a traer los resultados. No debe ser demasiado compleja, de lo contrario no se ejecutará correctamente.

Recuerdo que en mis inicios no existía un plan de ventas ni tampoco una segmentación de clientes potenciales. Cogía los catálogos (por aquel entonces físicos), aparcaba el coche y empezaba mi jornada. Eran todas a puerta fría. Iba empresa por empresa con días de treinta visitas. Reconozco que aquellos años me forjaron en mi profesión. Disparaba a todo lo que se movía. Con los años aprendí, a base de muchos errores, quiénes eran mis clientes y quiénes nunca iban a serlo. Acuñé el término clientes APC (Alta Probabilidad de Compra). Posteriormente, se convirtió en otro palabro anglosajón más chic: «Buyer persona». Los planes de ventas no deben ser más complejos que esto:

1. Saber quién es tu cliente ideal: definición de *buyer* persona.
2. Ubicar dónde se encuentra: aquí se trata de concentrar la ruta para aprovechar al máximo el tiempo.
3. Cómo acceder a él. Cómo llamar, redactar un mail y conocer la forma de utilizar el resto de canales a nuestra disposición.
4. Hacer un estudio de cliente potencial y preparar la visita.
5. Visita.

6. Seguimiento.
Menos planes y más operativa; más calle y menos despacho. Verás cómo realizas más ventas. Así de simple. ¡Quítate el miedo a visitar! No te van a comer los clientes. No son el hombre del saco.

LA DIFERENCIACIÓN EN UN MERCADO SATURADO

En 1984, en la final de la Superbowl de fútbol americano, se emitió un anuncio[13]. Basado en la novela de George Orwell, «1984», supuso el lanzamiento del Macintosh. Su mensaje sigue estando hoy más vigente que nunca. Un público gris y vestido igual representa a la ingente cantidad de marcas indiferenciadas que existía por aquel entonces. Todas parecidas. Ofreciendo lo mismo. ¿Acaso es diferente en el mercado actual? En ese momento, irrumpe en la sala una mujer con un calzón rojo y una maza con la que romperá la tiranía de pensamiento único que existía en ese momento. Representa una marca diferente. Una que desafía el *status quo* de una época. Ha nacido algo fresco, nuevo, revolucionario y orientado a romper con el tedio al que sometían las firmas existentes a sus usuarios. Steve Jobs y su equipo lo hicieron. Trascendieron de ellos mismos para instaurar un nuevo régimen. El de la libertad. Este anuncio es uno de los más brillantes que se han emitido en la historia de la publicidad. Utiliza el arma más poderosa de storytelling que existe: la metáfora. Llega directo al corazón.

La lucha por la diferenciación sigue vigente y cada vez lo hace con más fuerza. Las marcas disponen de muchas más herramientas para hacerse notar. ¿Piensas igual que el resto?

---

13   https://youtu.be/T6CRJu4Gt2k?si=6pjsyd1nXEogl14p

La batalla de la diferenciación se libra en tres frentes:

1. Producto.

Ganar la preferencia del consumidor es cada vez más difícil y necesita de más recursos. Los productos cada vez se parecen más. El factor precio será el que decida en la mayoría de los casos. Salir de la trinchera de los productos indiferenciados es una utopía para muchos.

2. Vendedor.

El vendedor no se diferencia de sus competidores en cuanto a su proceso comercial. Hace exactamente lo mismo que los demás. Si no tiene «voz» no consigue conectar y, sin eso, créeme que no hay nada. No sorprende y, además, aburre. Es plano. Solo se mueve en la dimensión del producto y sus características. Da igual comprarle a él que hacerlo en una tienda *online*. La satisfacción y fidelidad del cliente es escasa. La manera que tiene de diferenciarse se basa en aquello en lo que es bueno. Este es el eje de la psicología positiva.

Yo la aplico tanto en mis formaciones como en mi trabajo de consultoría. Conocerse a uno mismo es el primer paso para acercar el perfil personal a su perfil profesional. Tu sello propio también contribuye a la generación de valor. El cliente nos percibe como un todo en la visita. Todo suma.

Cuando realizo el Test de Fortalezas a los equipos, todos coinciden y se sorprenden. Se dan cuenta de que tenían recursos personales dormidos que ahora pueden emplear en su actividad. Pueden sacarse más partido y además disfrutan mucho más del camino emprendido.

Tienes que vender con tus palabras, con tu cuerpo y con tu alma. Sin reservas. Este es un acto que se da entre dos seres humanos en el que el disfrute debe ser mutuo. Nuestro cliente debe ser capaz de percibir que hemos venido a mejorar su mundo y su cuenta de resultados.

3. Empresa

Empresas sin alma hay muchas. Son aquellas en las que su único propósito es satisfacer a los accionistas. Reina la mercadotecnia y el resto son meros recursos de los que se sirven: personas, medios... Rastrean el mercado para replicar lo que hacen los demás. No tienen identidad propia. Son una copia burda de terceros. Representan el cocktail perfecto para comportarse como una hoja a merced de la moda de turno. Nos venga bien o no. Sin un propósito trascendente, sin personalidad y sin fuerza, las empresas se diluyen en la homogeneidad y abrazan la mediocridad. No cambian las cosas, ni dejan un legado. Tampoco atraen el talento.

Todo es volátil y efímero. Piensa diferente. Sé creativo y rebelde. No te conformes con vivir en un mar que no es el tuyo. Son empresas sin «Brand essence»[14]. Organizaciones sin reclamos atractivos. Discursos sin título. Ausencia de contenidos y, los que existen, suenan igual que si hubieran sido escritos por una inteligencia artificial. ¿Conoces alguna empresa así? En un mercado tan parecido hay una pregunta sencilla que no muchos saben responder: ¿Por qué tengo que comprarte a ti y no a la competencia?

Hay una fase muy importante del Método. Es el paso sexto y en el trabajo la propuesta de valor triple: producto-servicio, vendedor y empresa. Esta es la asignatura pendiente de muchas organizaciones. Conseguir liberarte de la esclavitud del precio solo lo consiguen quienes poseen una estrategia o un método. El que decidas elegir, pero deberás escoger uno que ensamble todo lo que necesitas saber para poder competir con garantías de éxito en un mercado cada vez más complejo.

Vivimos en un mundo mucho más globalizado que antes, con actores que entran en escena y que en el pasado no existían

---

14 «Brand essence»: esencia de marca.

y, además, los productos son cada vez más parecidos. Solo nos queda un camino: diferenciarnos. Si todos somos iguales e integrados en frases sin sentido ni significado, pasaremos desapercibidos. Entonces solo tendremos un aliado: el precio. Nos tocará descender al infierno de océanos rojos, donde solo triunfan los que están preparados para competir en una estrategia de costes bajos.

Son los que siguen una estrategia de precios. Si quieres ser diferente, ya sabes lo que te toca: trabajar duro y prepararte a conciencia. Si lo que buscas es estar en otra película más amable; una en la que el importe pase a un segundo plano. Deberás trabajar marketing, ventas, *branding* y personas. ¿Quién eres como marca? ¿Cómo transmites tus valores y los integras en tus argumentarios? Si eres uno más, eres uno menos. Nuestra misión es construir valor, mientras que la de nuestros clientes es hacernos comparables. Calibran si pueden eliminar de la ecuación todo lo que nos separa de los demás. Si lo consiguen, al final solo queda nuestro precio como único factor a tener en cuenta. Entonces, sí podrán cotejar de forma rápida los precios. Ahora bien, ¿es esta percepción correcta? Puede que haya fallado el vendedor y que sus propuestas no sean lo bastante buenas para el cliente.

Daniel Kahneman, psicólogo Premio Nobel de Economía, distinguía dos sistemas en el proceso de elección que tiene el ser humano: el rápido (sistema uno) y el lento (sistema dos). El que más frecuentemente usamos en nuestras decisiones, tanto personales como profesionales, es el sistema uno. Y lo hacemos por un sencillo motivo: para ahorrarnos la energía que supone utilizar el sistema dos, propio del cerebro racional y sus procesos cognoscitivos. En el sistema rápido, nuestro cliente busca comparaciones ágiles con proveedores que le vienen a la mente, casi sin pensar ni invertir muchos recursos. Lo hacen basándose en experiencias propias o testimoniales de terceros. Nos cuesta pensar. El vendedor profesional y el híbrido añaden valor en el numerador de la fórmula que te hará incomparable, mientras que el comprador juzga si es prescindible o no. Si lo es, todo será mucho más fácil para él. Solo quedará una variable que cotejar: el precio. Si eres comparable, estás muerto. Muchos de tus competidores afirmarán con vehemencia que ofrecen, no solo lo mismo, sino que dan una solución más completa. Nadie da duros a dos pesetas.

Para ilustrarlo te dejo a pie de página un vídeo[15] en el que, a modo de metáfora, podrías comprar el dibujo de diez segundos (es lo que prometen los que sobrevenden) o el de diez minutos. La elección es siempre tuya, pero luego no te engañes a ti mismo afirmando que es lo mismo. Nuestros productos y servicios no son para todo el mundo. Hay personas que vibran en otra frecuencia, con códigos que no son los nuestros; sus mapas son totalmente diferentes y su interpretación de la realidad difiere ciento ochenta grados. Estos solo ven precio y no valoran lo que haces por ellos. Son perezosos y deconstruyen lo mejor de tu producto para compararte solo por precio. Hay que saber identificar cuanto antes a este perfil de comprador, ya que te quita tiempo que podrías estar invirtiendo en generar más oportunidades con quienes sí te valoran. Darse cuenta de esto no es fácil. Los clientes no abundan, por lo que desecharlos es contraintuitivo. Tendemos a pensar que nuestro mercado es más amplio de lo que realmente es.

Cuando empecé en esta profesión, invertía mucho tiempo en clientes precio. Si lograba la venta, el tiempo ponía las cosas en su sitio porque, al final, estos se iban precisamente por el coste. Es el único valor que son capaces de visualizar. En el pasado, hubo gestiones en las que presionaba más de la cuenta y, como consecuencia, derivaban en recursos que tenía que invertir mi empresa: atención telefónica reiterada, visitas frecuentes del

---

15   https://youtu.be/x9wn633vl_c?si=s_-nmU_uIDNBNZBJ

comercial, para que la empresa terminara enviando un técnico para desinstalar el servicio. Puedo afirmar que estos clientes impactan negativamente en la cuenta de resultados. Cuestan más de lo que aportan. Hay que saber definir muy bien quiénes son tus clientes, de lo contrario, los resultados se verán lastrados y se perderá mucho.

Cuantificar las pérdidas producidas por los clientes-precio es de vital importancia. Se comen poco a poco tus recursos. Hemos hablado hasta ahora de distintas formas de diferenciación, tales como el producto, el vendedor y la empresa, pero hay muchas otras que también influyen en esta compleja ecuación.

Son las acciones que la empresa ejerce para con sus trabajadores, la sociedad y el medio ambiente. Existen distintas clasificaciones que hacen referencia a los mejores lugares para trabajar (*Best Place to Work*) y, recientemente, ha aparecido el sello «B-Corp» que tiene en cuenta todas estas variables. Cada vez más negocios están adquiriendo este sello. El tiempo dirá si son una mera acción de marketing o realmente se integra en la estrategia y la operativa de la empresa.

Las organizaciones son mucho más que sus productos, que la cuota de mercado y su volumen de facturación. Nuestros clientes nos van a pedir esta implicación de modo creciente. Las nuevas generaciones de compradores están más concienciadas con todos estos factores, influirán más en las decisiones de compra, en la atracción de talento y en la seducción del existente. ¿Qué dejaremos tras nosotros? Espero que no sea la famosa declaración de intenciones en forma de misión, visión y valores. Hoy tenemos que saber «venderlo» a nuestros trabajadores y ellos se lo deben hacer tatuar en su piel y en sus corazones. Ya no es suficiente con las buenas intenciones, ha llegado la hora de actuar.

Una empresa cuyos valores son coincidentes con los nuestros la dota de una mayor convicción y fuerza en sus exposiciones.

Eso, créeme que se nota. ¿Prestas atención al valor de marca? En un bosque repleto de sellos iguales, de productos extremadamente parecidos, surgen brotes diferentes, fruto de la observación. Son plántulas que conocen a la perfección su nicho de actuación y deciden conscientemente no competir con árboles bien asentados y comunes. El mercado se asemeja a una selva. Todos competimos por los mismos recursos y solo los más ágiles y empáticos progresan. El resto lo hacen en una tierra muy empobrecida por su uso excesivo. Las empresas que no se diferencian compiten en un mercado exhausto, ocupado por caníbales del precio. Una vez ingreses en ese océano rojo, te será muy complicado salir. No todas llegan a la orilla. Muchas se ahogan y, mientras han peleado contigo, te han hecho mucho daño. Sin embargo, existen otras que eligen competir en otro escenario. Uno que valora y que está dispuesto a pagar por ello. Estas organizaciones se dirigen a otros parajes menos transitados. Son los nacidos de la escucha y de la empatía.

La competencia que tenían las empresas en el siglo pasado, disponía de muchos menos canales y herramientas para limarnos nuestra cartera. Lo sorprendente es que todavía hay muchas que siguen actuando como si esto no les afectara. Funcionan teniendo como referencia escenarios que ya no existen. Hay distintas maneras de aproximarnos a la fórmula del valor. La sencilla la puedes ver en la siguiente imagen:

Fórmula de Valor

Beneficios - Inconvenientes- Incomodidades
_____

Precio

 www.metodosellit.com

Figura 10.

La más elaborada se refiere a cómo encaja tu propuesta de valor con las necesidades de tus clientes. La tienes desarrollada en el fantástico libro «Diseñando la propuesta de valor», de Alexander Osterwalder, Yves Pigneur, Gregory Bernarda y Alan Smith.

Luego abordaré una serie de aspectos importantes relacionados con este tema. Vayamos primero con la propuesta sencilla, que no por serlo es más fácil de resolver.

Construir valor solo está al alcance de los profesionales preparados. Requiere de un ejercicio previo a la visita basado en la investigación comercial híbrida (paso dos del Método). Debemos conocer el mercado, con quién vamos a reunirnos, y controlar a la competencia, para no quedarnos a merced del precio. Y en esa batalla tienes todas las de perder. Esa selva tiene una gran demanda de recursos. Para cuando te des cuenta, ya habrás sido devorado hasta que no quede nada de ti.

Te quiero hacer una serie de consideraciones generales que no he leído nunca en un libro de ventas y que nacen fruto de mi experiencia.

1. El valor no es lo que tú dices, sino lo que percibe el cliente. Te podrás quedar sin voz proclamando a los cuatro vientos que eres líder, que facturas tropecientos millones, que estás presente en todo el mundo y que tienes cien años de vida como empresa, pero si no lo valora, habrás perdido el tiempo de ambos.

2. El valor no es imperecedero. Este es otro aspecto que parece que no lo tenemos en cuenta en nuestra estrategia empresarial. Las empresas piensan que su valor sigue estando vigente en el cliente eternamente, pero esto no tiene por qué ser así. Las necesidades cambian, la competencia se mueve, los canales de aproximación son cada vez más numerosos y el perfil de nuestro interlocutor muta.

   Los *millennials* y la generación Z tienen percepciones de valor diferentes a las de otras generaciones. La única manera de asegurarte la fidelidad de tus clientes es proporcionarles continuamente valor. El día que dejes de aportarlo, por muchos regalos por Navidad que le entregues y por muchas comidas que le pagues a tu cliente, llegará un vendedor con un producto con mayor valor percibido y tu cliente, con muy buenas palabras y después de darte una palmadita en la espalda y de agradecerte los servicios prestados, te «despedirá» de manera fulminante y sin derecho a negociar. Y eso, en el supuesto de que te avise.

3. Tu valor debe solucionar los problemas de tus clientes. Si tu propuesta no mejora el mundo de tus clientes, no sirve. Será solo literatura.

4. El precio es lo que pagas por la obtención de un valor. Los que confunden el precio con el valor son aquellos que no saben construir el numerador de la fórmula antes mencionada. Si has trabajado correctamente tu propuesta, serás incomparable. El coste de tu producto ya no será el factor decisivo. El error más común es creer que el precio es un valor matemático objetivo y no subjetivo. En una ocasión, un alumno aseguraba que era un factor objetivo y ante su respuesta le pregunté:

   —¿Por qué entonces un mismo importe les parece a unos clientes caro y a otros barato?

   No me supo responder.

   Los vendedores fotocopia venden precio, y lo hacen al principio. El comprador observa debilidades en el lenguaje no verbal y verbal, y se aprovecha de ello. Nuestro comercial lo ha soltado al inicio de la conversación ante la insistencia del cliente, sin firmeza y retirando la mirada. Ha transmitido poca autoridad y nula confianza. El primero que debe creer en su producto es el profesional. Los incapaces solo manejan el precio como argumento para desplazarte de tu cliente. De esos hay muchos.

5. El valor y el precio son factores subjetivos, no objetivos. El primero no es un elemento racional, sino un constructo emocional del viaje al que vas a llevar a tu cliente. Si no se sube en tu relato, tendrás todas las papeletas para fracasar en tu visita. La forma que tengas de transmitir tus valores diferenciales marcará el éxito de tu venta. El storytelling y el data storytelling, pasos cuatro y cinco del Método, están enfocados a preparar la presentación del valor triple, que se describe en el paso seis: producto/servicio; persona y empresa, y a la aparición del héroe en el paso siete.

Finalizo este punto constatando que en esta guerra del valor están embarcadas todas las empresas, lo crean o no. Es muy complicado encontrar marcas frescas y originales. Es muy difícil observar propuestas atractivas y diferentes. Destacar requiere de una estrategia trabajada a conciencia en la que los distintos actores funcionen conjuntamente: marketing, ventas, branding, administración, compras, finanzas, dirección general, TIC y RRHH. Todos contribuimos. Todos construimos.

EXPERIENCIA CLIENTE

El otro día vino a mi memoria un anuncio que lo cambió todo. Representó un antes y un después para la marca para la que fue creado. Estamos en el año 2000 y el lema era: «¿Te gusta conducir?». Hay muy pocas campañas publicitarias que resistan el paso del tiempo. Algunas se recuerdan, pero no la marca que anuncian, mientras que de otras nos acordamos de ambas cosas. BMW cumplió cincuenta años en España en aquella época. Audi lideraba las ventas en el sector. El anuncio tuvo un impacto directo en la cuenta de resultados. En un año, las ventas de BMW en España crecieron un once por ciento, en seis duplicaron sus ventas y en diez superaron a Audi. Tony Segarra, uno de los socios de la Agencia SCPF que ganó el concurso para BMW, afirmó: «Hoy estamos ante un mercado más humanista». Acercarnos a lo que nos hace humanos es el gran reto de las organizaciones del siglo XXI. El director de comunicación de BMW, pronunció estas palabras:

—¿Cómo es posible que no salga en el anuncio ni una sola vez nuestro producto? ¡Nosotros somos una empresa que siempre ha enseñado el producto! —sentenció, sorprendido y enojado, el directivo.

Una vez más, se demuestra que comunicar y vender no son lo mismo. Esto me lleva a abordar nuestra capacidad de contar historias. No pretendo hablarte sobre publicidad de marcas y sí sobre lo que podemos llegar a trasladar con nuestro relato. Normalmente, siempre tenemos el apoyo de un producto físico o digital en nuestras presentaciones, pero, ¿seríamos capaces de evocar las emociones que despierta el anuncio de antes sin enseñar ni nombrar nada acerca de mi producto? Prueba a ver qué sucede. ¡Verás cómo entrenas así tu capacidad de narrar historias!

Más de una vez he resaltado la verdadera naturaleza de las ventas. La palanca que moviliza al ser humano es la emoción. Si no somos capaces de generar emociones de distinta valencia (negativa y positiva), nos convertiremos en comerciales planos sin *punch* ni chispa.

¿Cuál es tu «Brand essence» como vendedor? ¿Y como empresa? He empezado con una publicidad que se ha convertido en algo memorable y que establece una asociación muy fuerte entre los elementos evocados (libertad, naturaleza, disfrute, relajación) y la marca. Ha dejado un perfume tras de sí que se ha mantenido en el tiempo. Es un anuncio difícil de superar. Estableciendo paralelismos y realizando un ejercicio complicado de integración entre ventas, marketing y branding, te formulo tres preguntas:

¿Cuánto dejas de ti en tus visitas?

¿Cuál es el porcentaje de emociones que eres capaz de generar durante la misma?

¿Has sido capaz de regalar una experiencia memorable?

Te muestro una frase que está alineada con lo que estoy diciendo:

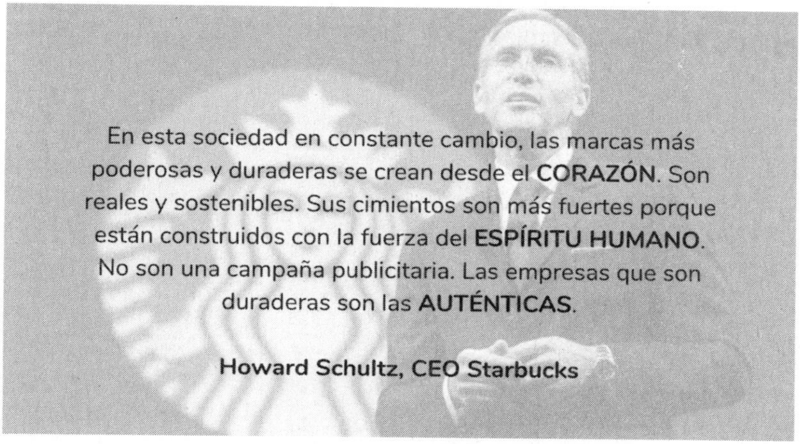

En esta sociedad en constante cambio, las marcas más poderosas y duraderas se crean desde el **CORAZÓN**. Son reales y sostenibles. Sus cimientos son más fuertes porque están construidos con la fuerza del **ESPÍRITU HUMANO**. No son una campaña publicitaria. Las empresas que son duraderas son las **AUTÉNTICAS**.

Howard Schultz, CEO Starbucks

Figura 11.

El experto en marketing estadounidense, Seth Godin, abunda en ello: «La clave del marketing es hacer sentir a la gente que forma parte de algo».

Con experiencias memorables, no solo se disfruta en el presente, además, dejará un regusto agradable que asociarás a la marca en el futuro. El anclaje producido es muy potente. En realidad, eso es lo que compramos, no productos. Las ventas no deben ser algo frío y distante. Son el universo que eres capaz de crear en la mente de tu cliente. La agencia SCPF lo entendió y Pablo Monzón ofreció el eslogan: «¿Te gusta conducir?».

Muchas empresas son solo marketing de promoción y autobombo. No tienen un corazón que lata dentro de ellas. Son maquillaje y postureo, pero no les hace funcionar el espíritu. Son organizaciones sin propósito. Abandonadas a la monotonía de lo rutinario. A la dejadez del conformismo. A la esclavitud del miedo. Son rehenes de sus propias limitaciones. A continuación, te dejo esta sensacional frase de Maya Angelou:

"
La gente olvidará lo
qué dijiste, lo que hiciste,
pero **NUNCA** olvidará
cómo las hiciste

sentir"

Maya Angelou

www.iosulazcoz.es

Figura 12.

Aparecen vendedores desalineados con la empresa que realizan transacciones comerciales, pero no hay ganancia de espíritu. Solo intercambio de bienes y dinero. Hay negocios que solo son fachada y no transmiten valores más allá del dinero. Son organizaciones con un futuro incierto. Solo se llega al corazón del mercado desde la autenticidad, no desde la mercadotecnia cara. Alex Pallete, fundador de la consultora PICNIC, afirma que lo que construye la marca no es el mensaje, sino la experiencia que se vive con ella.

Son empresas que crecen hacia arriba y no hacia el cliente, con burocracia y procesos que hacen que nos olvidemos de lo importante: la mejora continua. Están muy ocupados yendo de un lado para el otro, haciendo reuniones frecuentes y largas que solo sirven para reafirmar el puesto de quien las convoca. He encontrado organizaciones enfermas, que han contratado talento y que no han sabido o querido seducirlo. Son las personas quienes aportan ese factor X que las hace diferentes.

Las empresas no son los ladrillos que las conforman, sino los que trabajan dentro y quienes construyen las diferencias y, sin embargo, nos empeñamos en atribuírselas solo a nuestros productos. Las personas son las que transmiten la marca que después cobrará vida y esta se mostrará distinta conforme al capital humano que atesora. Para seducir, primero deberás hacerlo con el cliente interno. Para proporcionar experiencias memorables a tu cliente externo, primero deberás conseguirlo en casa. Si solo miramos fuera sin cuidar lo de dentro, no funcionará. Y tampoco sabremos el estado de nuestros vendedores. Si no preguntas, la inercia será la que marcará tu destino empresarial. Tu organización irá a la deriva. Curar siempre es más caro que prevenir.

Fabricamos productos y luego se los queremos vender al cliente, en lugar de escuchar al mercado y, desde ahí, crear aquello que satisfaga sus necesidades. En este sentido, te recomiendo que leas el libro «Small data», de Martin Linstrom. Toda la empresa debe poseer una cultura orientada al cliente, es el manido «Customer Centric»[16]. Ahora bien, ¿quién vela por ese acercamiento? ¿Calidad? ¿Atención al cliente? ¿Ventas? ¿Dirección de producción? ¿Logística? ¿Departamento financiero? ¿Compras?

En una organización con un modelo de calidad total, el espíritu comercial orientado al cliente no debería recaer exclusivamente en el equipo de ventas. Eso es calidad parcial.

Antes de la aparición de las redes sociales se hablaba de calidad de servicio, del coste de no calidad, fidelización de clientes, etcétera. Después, aparecieron términos como «Customer Experience» (CX) y «Customer Journey»[17], entre otros.

---

16   «Customer centric»: el cliente en el centro.
17   «Customer Journey»: proceso de compra del cliente.

¿Has calculado el coste que supone perder un cliente? Te ayudo.

- Calcula lo que vas a dejar de ingresar con él en cinco años.
- Multiplícalo por el número de compradores a los que este cliente enfadado va a hablar mal de ti. Se calcula una media de catorce.
- Y ahora multiplícalo por la comunidad de seguidores que tiene en redes sociales.

Asusta, ¿no? El alcance e impacto que tiene perder un cliente hoy, es mucho mayor que antaño.

Corría el año 1998. Estaba cursando un Máster de Gestión Comercial y Marketing en la Universidad de Navarra, cuando le pregunté a Cosimo Chiesa si las empresas españolas fidelizaban. Su respuesta fue esta:

«La fidelización de clientes es cara, y no todas las empresas están dispuestas a invertir en ella«

Hoy asisto perplejo a la desinversión en calidad de servicio. Esto no solo le sucede al médico jubilado de setenta y ocho años que denunció el abandono al que les someten los bancos. Hay oficinas bancarias enormes en las que únicamente hay un trabajador. La espera supera los veinte minutos y, cuando te atienden, no sonríen, no te miran a los ojos y actúan como si fueran robots. También están las encuestas automáticas de satisfacción que mandan los comercios como restaurantes, hoteles y tiendas on line. Cuando les respondes con una queja, ni se molestan en responderte. ¿Para qué envían los formularios entonces? ¿Acaso no valoran el tiempo que dedica el usuario a rellenarlos? ¿Acaso no les importan los clientes? ¿Piensan las marcas que somos sus rehenes? ¿Creen que el coste de la no calidad de servicio no les pasará factura? ¿Cuánto invierten las empresas españolas en fidelización? Algunas ni saben lo que es eso, y lo peor de todo es que se sienten inmunes al mutante mercado de hoy en día. Un factor que contribuye en un porcentaje muy elevado a la fidelización en el comercio es el trato recibido.

Veamos el relato de Sam Walton, fundador de Walmart.

«Soy el hombre que va a un restaurante, se sienta a la mesa y espera pacientemente mientras el camarero hace todo menos anotar mi pedido.

Soy el hombre que va a una tienda y espera en silencio mientras los vendedores terminan sus conversaciones privadas.

Soy el hombre que entra en una gasolinera y nunca usa la bocina, pero espera pacientemente a que el empleado termine la lectura de su periódico.

Soy el hombre que explica su desesperada urgencia por una pieza, pero no reclama que la reciba después de tres semanas de espera.

Soy el hombre que, cuando entra en un establecimiento comercial, parece estar pidiendo un favor, rogando por una sonrisa o esperando solo ser atendido.

Debes estar pensando que soy una persona callada, paciente, del tipo que nunca crea problemas... Te equivocas.

¿Sabes quién soy? ¡Soy el cliente que nunca volverá!

Me divierto viendo millones gastados cada año en anuncios de todo tipo para hacerme regresar a su empresa. Cuando fui allí por primera vez, todo lo que deberían haber hecho era tratarme con amabilidad, con un poco más de cortesía, algo simple y barato».

¿Te ha pasado alguna vez? A mí, muchas. Te sientas y esperas. Ningún camarero te mira. Eres el hombre invisible. Tardan en traerte la carta cuarenta y cinco minutos, el segundo plato otro tanto. Para pedir la cuenta, buscas la mirada de quien te ha atendido para hacerle el gesto típico, pero... ¡No te miran! Te entran ganas de silbar, pero claro, es de mala educación y no lo haces. Sigues esperando, pero no sucede nada. Al final, te levantas, vas a la caja y pagas ahí. Después te mandan una encuesta. Te tomas la molestia de rellenarla y... ¡No te contestan! Les haces una crítica en Google y... ¡No hay respuesta! Y así me sucede con todo tipo de comercios.

Una vez, en un restaurante muy famoso de Madrid, en el Monte del Pardo, las tres personas que te daban la bienvenida no sonreían en ningún momento, de hecho, tenían caras de mal humor. Y me pregunté: ¿Quién ha sido el iluminado que los ha puesto en ese lugar? Si yo fuera el dueño, los pondría a mover cajas en el almacén. El cliente es el motivo y la causa de nuestra existencia, negarlo es negar nuestro futuro. Somos los que pagamos sus nóminas. Me surgen más preguntas:

¿Qué importancia le damos a nuestro cliente en nuestra empresa?

¿Se tiene que adaptar él a nuestros procesos, o somos nosotros los que tenemos que hacerlo?

¿Conocemos el concepto de calidad total?

¿Dónde está el cliente en nuestras comunicaciones o en nuestra web?

Desde luego las palabras de Sam, aunque fueron pronunciadas hace mucho tiempo, las siento muy actuales.

Te cito dos ejemplos reales de una empresa que no gestiona la calidad total:

1. El comercial entrega una incidencia a atención al cliente. Este la transfiere al departamento técnico. Su responsable a su vez se lo entrega a una de las personas de esta área, que le devuelve el parte sin rellenar ni una sola letra, mientras le comenta verbalmente la situación acontecida. La información se registra

parcialmente. La incidencia duerme, sin ser solucionada, en una bandeja de plástico del responsable técnico. El cliente se queda esperando una respuesta tres semanas. Atención al cliente no reclama nada. El comercial desconoce cómo se ha resuelto este tema. La empresa le ha dejado solo al pie de los caballos. Recibe la llamada del cliente enfurecido y no sabe qué contarle. La imaginación entra en escena. Le cuenta lo que buenamente puede. La respuesta de la empresa es: «La tienes en el sistema». El comercial insiste en que necesita que se le comunique la resolución de las incidencias por algún medio. Sigue esperando a que esto suceda. Lo de ayudar al vendedor a minimizar tiempos y burocracias parece que no está de moda. Ese tiempo invertido lo debe emplear en tareas de alta rentabilidad, que son aquellas en las que genera valor para la empresa, y esta última debe facilitarle el trabajo, no darle más. ¿Cuál es el resultado? Pérdida del cliente. ¿Cuánto le cuesta esto a la empresa? No se ha calculado.

2. Un comercial pregunta al departamento de compras cuándo llegará un material. Este le responde: «No te puedo decir nada, le he enviado un correo al proveedor y estoy esperando a que conteste». Tres días después, le pregunta si hay respuesta. Compras le dice que no y que no tiene tiempo para reclamar la contestación. El cliente está esperando, pero, al no recibir noticias en el plazo que necesitaba, se ha buscado otro proveedor. Cuando le llamas se te queda cara de tonto. Son situaciones reales más frecuentes de lo deseado. La empresa está centrada y embebida en sus procesos. Piensa que es el cliente quien debe adaptarse a ellos y no al revés. Los negocios nacen con los clientes. No les demos la espalda. El empresario anteriormente citado, Sam Walton, tiene otra frase para enmarcar:

> «Hay únicamente un jefe. El cliente. Este puede despedir a todo el mundo en la empresa, desde el presidente hasta el de más abajo. Tan solo tiene que gastar su dinero en otra parte».

EL CLIENTE NO SIEMPRE TIENE LA RAZÓN

Nuestra labor no es decirle al cliente lo que quiere oír y conoce, sino lo que desconoce y, en ocasiones, lo que le escuece. Esta figura 13 y su explicación están extraídas de mi último libro «Cómo ser el mejor vendedor del mundo. El método Sell It»:

Figura 13.

Me centraré en el cuadrante dos. El cliente desconoce sus problemas y sus posibles soluciones.

Según un estudio realizado por el consultor japonés Sidney Yoshida en 1989, solo el cuatro por ciento de los altos directivos, y el nueve por ciento de los mandos intermedios, conocían los problemas de su organización. Este desconocimiento crece a medida que lo hace la burocracia de las empresas. Este estudio tiene muchos años, pero ¿crees que ha cambiado mucho la situación? La comunicación ascendente no fluye como debería y la descendente tampoco. En esta tesitura, si haces bien tu trabajo como vendedor, le descubrirás al cliente un mundo nuevo. Le enseñarás, de la manera más vívida posible, cómo le vas a ayudar. Si sigue sentado en su sillón tras tu visita y ya se sabía todas tus preguntas, no venderás. Investiga la mejor forma de darle lo que necesita. Esto requiere invertir más tiempo en las fases previas. La información es poder. Saber manejarla es todo un arte.

Partimos de una premisa falsa cuando creemos que el cliente conoce todo lo que acontece en su empresa. Nuestro deber ético para con él es comunicarle lo que no funciona bien. Lo reconocerá o no, pero no debemos mostrarnos aduladores y pusilánimes. Tenemos que hacer que se levanten del sillón de la autocomplacencia para prestarnos la atención que su negocio merece. Nuestro deber es investigarlo todo, conocer los problemas del cliente desde los distintos ángulos que nos proporcionan los diferentes departamentos con los que nos hemos entrevistado. Si lo hacemos bien, haremos que se sienta incómodo a la par que agradecido. Ese contraste hará que te perciba como un vendedor profesional. La confianza generada será la base sobre la que se construirá una relación de futuro.

COMPETENCIA

En el año 2016, Mercedes agradecía a BMW, su principal competidor de su segmento, sus cien años de competencia. Me gustó la elegancia con la que se posicionó mediante una campaña que realizó en diferentes medios:

Figura 14

En el 2019, BMW le dio su réplica a Mercedes con este anuncio[18] con un actor que emulaba a Dieter Zetsche, el CEO de Mercedes recién retirado. Una publicidad elegantemente tratada que merece la pena ser vista. Sin embargo, en ocasiones me encuentro con profesionales que hablan mal de la competencia delante de sus clientes potenciales. Esto tiene varias lecturas:

1. El vendedor tiene baja autoestima. Un comercial de éxito no necesita hacerlo porque sabe construir valor independientemente de los demás.

2. Descalificar a la competencia es como decirle al cliente: «Eres tonto. No tienes la suficiente inteligencia como para darte cuenta de que…». Esto me lleva al siguiente punto.

3. Se rompe la sintonía. El cliente potencial se enfada, ya que le estás insultando en su propia casa.

4. Es un profesional que no aprecia a sus clientes potenciales de verdad. No muestra la más mínima inteligencia emocional con ellos y, por ello, nunca venderá mucho. Y si lo hace, serán ventas, pero nunca hará clientes.

5. En primero de ventas se nos enseñó a criticar a la competencia, pero algunos no asistieron a clase.

6. La principal competencia somos nosotros mismos. Aprender a discutir contigo mismo y a dudar de tus propias aseveraciones. Pueden ser irreales.

7. Cada vez que nombras a la competencia, le confieres más importancia y consistencia en la mente del cliente. No se nombra nunca. Las palabras se recuerdan. Tu competidor crecerá ante tus ojos. ¿Qué sentido tiene posicionarla?

Cuando el cliente afirma que trabaja con nuestros rivales, lo primero que debemos hacer es felicitarle y hablar bien de él,

---

18   https://youtu.be/9rx7-ec0p0A?si=IZN4imduidFqvy6X

pero sin nombrarlo. Aquello en lo que te concentras, crece. No solo en tu mente, sino también en la de tu cliente. Esto le descoloca, ya que pensaba que arremeteríamos contra ellos.

Quizás la historia de Mercedes o la de BMW te inspiren. Hablar mal de la competencia es lo que hacen los políticos de todo el mundo. Pero está claro que ellos no son vendedores, ni creen que necesiten aprender el oficio. Queda un largo camino para profesionalizar y humanizar la política. Es un trabajo que se autoperpetúa en un sistema viciado, y al igual que a los inversores que especulan, no les preocupan ni los votantes, ni los accionistas.

UN CONCEPTO POCO UTILIZADO: EL BUYER PERSONA[19]

Cometemos con frecuencia el error de pensar que le podemos vender a todo el mundo, tal y como he afirmado anteriormente. Seth Godin lo expresa perfectamente en su libro «Hoy es Marketing». Definir a tu cliente ideal mejorará tu rentabilidad de manera muy importante. Estudiar tu cartera y conocerla al detalle es vital. ¿Quién es tu cliente ideal? Existen varios parámetros para poder describirlo, pero el criterio más relevante es el que está basado en tu experiencia como empresa. ¿Quiénes son los que más problemas te dan? ¿Qué características tienen los menos fieles? ¿Qué volumen de facturación te aportan estos? ¿Quiénes son los clientes que te aportan mayor rentabilidad? ¿Cuál es el potencial de crecimiento de tu cartera? ¿Cuántos recursos consumen los que más quebraderos de cabeza te dan? Son preguntas que deberás saber responder. Una cosa es facturar y otra muy distinta hacerlo con rentabilidad. Colaborar con el departamento financiero es clave. Los departamentos de ven-

---

19 *Buyer* persona: Características de tu cliente objetivo.

tas no colaboran, salvo en contadas excepciones, con los departamentos financieros. Vender más es crucial, pero hacerlo mejor es mucho más importante. Hay empresas que miran el precio y otras que miran el valor. A las primeras se les identifica rápido. Te apunto una serie de pistas para reconocerlas:

1. Haces mucho esfuerzo en conseguirlas.
2. Dan muchos problemas posteriormente. Si han pagado más de lo que ellas esperaban, buscarán las piezas del puzle que les faltan para prescindir de tus servicios. Su decisión es de todo menos racional. Son muy volátiles y caprichosos. Un comentario de un vecino les basta para cambiar de proveedor.
3. Se van por precio. Este es el único lenguaje que entienden. Es preciso dejarles marchar, así tendrás más tiempo para buscar a los clientes que verdaderamente valoren tu producto o tu servicio.
4. Establecen una relación en la que solo ganan ellos. Te exprimen al máximo y te exigen al mismo nivel. Lo quieren todo al mínimo precio y no están dispuestos a oír nada que les contradiga. Les da igual que tú no tengas margen, ya que los importantes son ellos y su negocio. Se olvidan rápido de todo lo que has hecho por ellos. No lo valoran lo más mínimo.

Hay empresas que están dispuestas a pagar ese vasallaje y hay otras que quieren ganar dinero. Existen diferentes herramientas de segmentación para encontrar clientes rentables, pero lo primero que debes hacer es analizar tu cartera y extraer las características que tienen en común tus clientes más rentables. Eso te dará una guía a la hora de buscar nuevos. Hoy tenemos a nuestro alcance herramientas digitales que son más precisas, rápidas y económicas que las de antaño. No tenemos ninguna excusa para no hacerlo bien. En «Cómo ser el mejor vendedor del mundo. El método Sell It» realizo una entrevista a Natacha Lerma en la que nos habla sobre ello.

5. Liderazgo comercial

«Si tus acciones inspiran a otros a soñar más, hacer más
y a convertirse en algo más, entonces eres un líder».
John Quincy Adams.

HERRAMIENTAS PARA UNA BUENA DIRECCIÓN COMERCIAL

El proceso de selección de la persona que liderará el departamento de ventas de una organización es un asunto trascendental. Hacerlo bien requiere de varias herramientas mediante las cuales se analizan a los candidatos desde diversos ángulos. Nos centraremos en cómo puede un líder comercial ayudar mejor a su equipo. Para ello, te introduciré en varios recursos que te pueden ser de utilidad y que empleamos en Ventas Híbridas:

A. KPIS Y KBIS

Los KPIs son mediciones a posteriori. Si solo se aplican estos, estaremos analizando las consecuencias sin inferir en las causas que las han producido. Medir a los comerciales solo mediante sus resultados es poseer una mirada miope que no te va a ayudar a crecer. Si quiero corregir desviaciones, tendré que analizar los porqués y los cómos. Existen otros indicadores que reflejan el comportamiento del vendedor. Son los *Key Behaviour Indicators* (KBIs). Es relativamente fácil mentir utilizando la palabra, pero, cuando observas el lenguaje no verbal, es cuando detectas de una forma mucho más precisa qué está pasando con nuestro profesional. Este lenguaje, al discurrir en otro plano distinto al que habita nuestra mente consciente, nos proporciona información más veraz que el emitido desde el cerebro racional. La conducta del vendedor habla por sí sola. Nos informa si su liderazgo es eficaz o no.

Existen diferentes métodos para registrar la conducta. Uno de ellos es de incidentes críticos que expongo a continuación:

1. Se describen los antecedentes o el contexto en el que sucedió el incidente.
2. ¿Qué fue lo que hizo el vendedor?
3. ¿Cuáles son las consecuencias?
4. Se califica el nivel de desempeño, de 0 a 5, ante el problema.
5. Justifique la calificación dada al desempeño.

Existen tantos indicadores conductuales como competencias estudiadas. Si el vendedor tiene realizada una evaluación de competencias previa, podremos analizar los porqués de esa desviación de los estándares para poder corregirlos posteriormente. Desde la psicología y la educación en el aula, se trabajan mucho estos indicadores desde hace años. En ventas no lo he visto todavía.

B. MIDIENDO LA POSITIVIDAD

El difunto psicólogo chileno, Marcial Losada, ingresó en la Universidad de Michigan y colaboró con el MIT (Tecnológico de Massachusetts) y con la Universidad de Harvard. Su mujer, Geralda Paulista, era experta en lenguaje no verbal. Desarrolló, junto con otra psicóloga, la estadounidense Barbara Fredickson, una fórmula muy sencilla que medía la proporción entre pensamientos positivos y negativos en los equipos de ventas. Con ella, Marcial, ayudado por su esposa, pudo calcular dicha proporción, en el campo emocional, mediante la observación de las emociones que transmitían los vendedores en su lenguaje no verbal.

Desde el sentimiento se produce el movimiento. ¿Qué quiere un líder comercial si no es la movilidad en su equipo? Si no medimos las emociones, no sabremos si estamos influyendo de verdad en nuestro equipo.

Soy un apasionado de la psicología positiva desde el 2005. Los psicólogos han medido el rendimiento de los equipos en algo muy visual: los resultados de los vendedores. En sus investigaciones, los grupos de alto rendimiento presentaban una proporción de positividad casi seis veces superior a la de negatividad. Mediante esta sencilla división entre pensamientos y emociones positivas y negativas, podemos saber qué está pasando con mi equipo, para poder corregirlo o potenciarlo.

Esta es la manera más fácil. Más adelante te mostraré otras.

En mi ejercicio profesional, durante estos últimos años, me he encontrado valores en un cuadro con las firmas de los trabajadores que ocupan un espacio considerable en webs; post que hablan de una serie de virtudes y palabras pronunciadas con orgullo que se evaporan y no calan. Sin embargo, cuando profundizas su presencia en el ADN de los profesionales de estas empresas, su aplicación es muy baja. No solo no se los creen, sino que algunos los desconocen. Otros observan los valores contrarios en la conducta de sus compañeros. Una empresa debe poseer una cultura basada en valores y estos deben ser «vendidos» al equipo. Es un factor que diferencia. Se deben trabajar proactivamente, ya que pasivamente no le impregnan a uno por ósmosis. Existen distintas formas de inyectar positividad en un grupo que se dedica a las ventas. Los entornos laborales positivos, como reflejaré más adelante, tienen un efecto directo sobre variables muy valiosas en la organización. No son algo baladí ni blando. Y puestos a seguir con la absurda metáfora con la que designamos qué es importante y qué es secundario, diré que la positividad es dura, muy dura.

Existen otras herramientas que pueden ayudar mucho a nuestro director comercial o jefe de ventas. Hablaré de una metodología que se utiliza en selección de personal, procesos de coaching, desarrollo del talento y comunicación. Es la metodología DISC, de William Moulton Martson.

C. PERFILES DISC

Te resumo los cuatro perfiles DISC en esta gráfica de la figura 15. Todos tenemos una mezcla de ellos. Nos afecta la situación que estamos viviendo, pero siempre hay uno o dos motores de conducta que se mantienen inalterables con el tiempo.

Supongamos que hemos realizado ya la selección, pero nunca hemos utilizado la metodología DISC, ni la hemos tenido en cuenta para comunicarnos mejor con nuestro equipo.

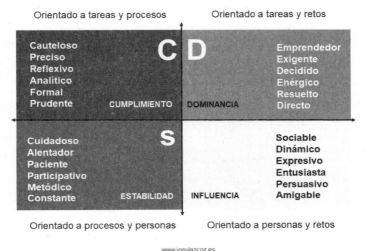

Orientado a tareas y procesos — Orientado a tareas y retos

Cauteloso				Emprendedor
Preciso		C	D	Exigente
Reflexivo				Decidido
Analítico				Enérgico
Formal				Resuelto
Prudente	CUMPLIMIENTO		DOMINANCIA	Directo

Cuidadoso		S		Sociable
Alentador				Dinámico
Paciente				Expresivo
Participativo				Entusiasta
Metódico				Persuasivo
Constante	ESTABILIDAD		INFLUENCIA	Amigable

Orientado a procesos y personas — Orientado a personas y retos

www.iosulazcoz.es

Figura 15.

En la figura 16 se encuentra, en color azul, AG (pongamos Alberto González). Es un perfil (CS) orientado a las tareas y los procesos. Le encantan las hojas Excel. Es extremadamente reservado y no le gusta frecuentar grupos numerosos de personas. Le cuesta relacionarse y le encanta concentrarse en su despacho con la puerta cerrada. Le contrata una empresa para el puesto de vendedor (en verde oscuro es el de máxima idoneidad). Su misión será la de abrir una zona nueva en Madrid. Tiene que dejar a su familia y amigos en Alicante, y estar toda la semana interactuando con muchas personas diferentes fuera de su casa y de su entorno conocido. Debe realizar una media de quince visitas diarias. Verá a setenta y cinco personas esta semana. Alberto realiza el trabajo. Durante los primeros meses, no muestra síntomas de fatiga, pero en el segundo semestre aparece un cuadro de estrés. La energía que invierte en desplazarse desde su estado natural (CS) a lo que interpreta que le pide la empresa (estilo adaptado DI) es tan alta, que Alberto se

185

rompe. El «Burnout» ha aparecido. No lo puede soportar más. La empresa, al no disponer de herramientas, anda a ciegas. La baja le saldrá cara y la rotación, con la consiguiente pérdida económica, mermará la cuenta de resultados a la par que erosionará su marca.

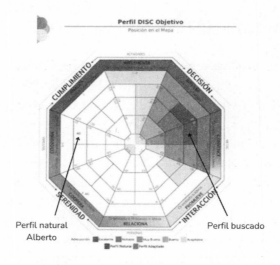

Figura 16.

El líder comercial debe realizar un mapa conductual de los perfiles de todo su equipo de ventas. De ese modo, no solo sabrá cómo comunicarse mejor con cada vendedor, sino que también ayudará a comunicarse a los trabajadores entre sí y a nutrirse los unos con los otros.

Ejercer un liderazgo comercial requiere de una implicación máxima por parte del líder. En el libro «Los líderes comen al final», de Daniel H. Pink, nombra un aspecto que debe poseer todo director comercial o jefe de ventas: proteger a su equipo. Debe cuidarlo ante cualquier agresión interna y externa. ¡Cuántas veces he visto cómo se les deja a los abandonados a su suerte! En unas ocasiones porque el mando intermedio no ejercía su rol y en otras porque era una figura de paja sin poder alguno ante la omnipotente dirección general. Para protegerlos, debemos conocer la situación de cada miembro y eso solo es posible desde la indagación y el interés auténtico del líder. La apatía y la dejadez producen resultados mediocres.

D. FORTALEZAS CARACTERÍSTICAS

Otra herramienta que puedo emplear es la realización del Test de Fortalezas, bien el del Instituto VIA, o el de la Universidad de Pensilvania. Este es el eje central de la psicología positiva, rama que estudia el funcionamiento humano óptimo. ¿Cuáles son las fortalezas recomendables en un vendedor? En lugar de focalizarnos en lo que no funciona, deberíamos hacerlo con aquello que hace de manera natural y sin esfuerzo significativo.

La psicología conductual DISC, de William Moulton Martson, marida con la psicología positiva fundada por Martin Seligman. En la primera, si estás invirtiendo mucha energía en realizar tu trabajo, tarde o temprano te estresarás y te agotarás. En la segunda, si en tu trabajo como vendedor te toca emplear debilidades tuyas en lugar de fortalezas, llegarás a casa sin energía. Esta situación no es sostenible en el tiempo. El director comercial deberá conocer cuáles son las fortalezas y debilidades de su equipo. Servirá para realizar un mejor encaje entre funciones y perfiles y, también, para fortalecer la nutrición entre ellos. Realizar un mapa de fortalezas ayuda a desarrollarlas y a construir un grupo de alto rendimiento.

E. MEDICIÓN DE LA SALUD MENTAL DEL EQUIPO DE VENTAS

Mi newsletter de Linkedin se llama «¿Es el vendedor una

máquina?». Es una declaración de intenciones sobre mi visión de esta noble profesión que desarrollo en este capítulo.

Sigo aportando herramientas y relacionando distintas ramas de la psicología. Carlos Spontón (profesional antes mencionado), al frente de la dirección científica de la tecnológica Yerbo, nos aporta esta herramienta que mide el nivel de «Engagement» (motivado), «Strained» (tensionado), «Burnout» (quemado) y «Bored» (aburrido) de un equipo. Mediante un código QR realizan un test que sigue criterios científicos. Así se imprime una primera foto con la que trabajarán posteriormente nuestros especialistas.

Te muestro el resultado de uno de nuestros clientes en la siguiente imagen.

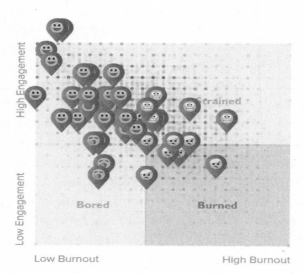

Figura 17.

Ya hablé de esta herramienta en su momento y ahora ampliaré un poco más la información a la par que la relacionaré con el DISC y con las Fortalezas.

Veamos estos cuatro cuadrantes. Cada uno de ellos tiene sus subdivisiones:

1. *Engagement* (alto «engagement» y bajo «Burnout»). Son los vendedores cuyos perfiles DISC, natural y adaptado, se solapan. También emplean sus fortalezas características en su labor. No se desgastan, sino que salen revitalizados realizando su función. Les apasiona su trabajo. Se encuentran fuertemente motivados, colaboran con sus compañeros y se sienten identificados con su tarea y con la empresa.

2. *Strained* (alto «Engagement» y alto «Burnout»). Son vendedores que se encuentran tensionados. Les gusta mucho lo que hacen. Sus perfiles coinciden. Aplican sus fortalezas, pero no recuperan. No descansan lo suficiente, ni desconectan de su trabajo. Lo hacen a alto ritmo durante mucho tiempo. Este purasangre corre y corre porque le encanta, pero, al final, muere desfallecido. He conocido muchos perfiles como este. La empresa piensa que son superhéroes. Ellos se lo creen y desafían sus límites. Pero nuestro cuerpo nos para en seco. Forzamos tanto que nos rompemos.

3. *Bored* (bajo «Engagement» y bajo «Burnout»). Este vendedor se aburre. Está infrautilizado. El encaje entre perfiles no existe y tampoco emplea sus fortalezas. El nivel de desafío está muy por debajo de su nivel competencial y del canal de flujo de máximo desempeño. Sus habilidades están por encima del nivel de desafío que le encomienda la empresa. Este perfil buscará una salida que le mantenga vivo y en la que se sienta útil.

4. *Burnout* (bajo «Engagement» y alto «Burnout»). Es el síndrome del quemado. Es un vendedor que anteriormente estaba en otros cuadrantes, pero que con el tiempo ha

caído en este. Es el que ninguna empresa quiere sufrir, y desemboca en bajas y rotación. Las organizaciones no saben o no quieren poner remedio.

Conocer el estado mental y emocional de los vendedores es muy necesario para un líder comercial. Necesitamos conocer el pensar y el sentir de nuestro equipo, estar cerca de ellos, preguntarles cómo se sienten y protegerlos. No somos máquinas que obedezcan a códigos binarios y comandos. Somos seres humanos. No nos movemos desde la orden, sino desde el corazón.

Debemos tener en cuenta que lo que estamos liderando son personas de muy diferentes personalidades y conductas, con aspiraciones dispares; motivaciones diferentes y momentos vitales específicos. Manejar todas esas variables hace que la labor del líder sea muy compleja. No todo el mundo vale o está capacitado para ejercerla. Te aporto otra aproximación que se trabaja desde un estilo de liderazgo: el situacional.

F. LIDERAZGO SITUACIONAL

Existen diferentes tipos de liderazgos. Nos hemos esforzado a conciencia en crear innumerables adjetivos en los últimos años. Algunos son tan similares que parecen reconstrucciones de otros preexistentes. Es preciso elegir aquel que te vaya a ser más útil para tu situación, entorno y equipo. Incluso la combinación de varios de ellos será necesaria en más de una ocasión.

Os muestro el gráfico de la Figura 18 del liderazgo situacional de Hersey y Blanchard:

Habilidades

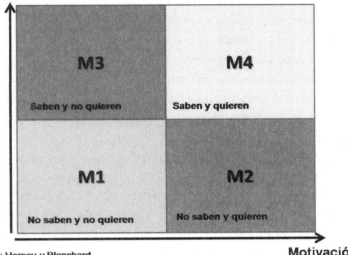

Fuente: Hersey y Blanchard

Motivación

Figura 18.

Analicemos los cuatro cuadrantes brevemente:

1. M1 (no saben y no quieren): este tipo de perfiles no quiere más responsabilidades que las inherentes al puesto. No desean prosperar ni mejorar. Según la psicóloga norteamericana, Amy Wrzesniewski, estos serían los «trabajadores nómina». Su única aspiración es la de pagar sus facturas. La empresa conoce el perfil y no invierte más recursos que los necesarios. Prescindirá de ellos a la velocidad de un rayo.

2. M2 (no saben y quieren): este perfil es consciente de sus áreas de mejora y quiere formarse para convertirse cada vez en un profesional más cualificado. Según la psicóloga antes mencionada, serían los «trabajadores carrera». Están dispuestos a poner todos sus medios y recursos para mejorar. La empresa los identifica.

3. M3 (saben y no quieren): tienen las competencias necesarias para desempeñar sus funciones, pero no quieren hacerlo. Muestran cinismo hacia la tarea y despersonalización hacia los demás. Se aíslan de sus compañeros. Son dos de las dimensiones del estado de «Burnout». Estos perfiles pueden hacer mucho más daño dentro que fuera y tienen difícil solución. Lo recomendable es hacer lo posible para que encuentren otra salida profesional y se vayan de la empresa. Critican a esta ante cualquiera que quiera oírlos y además pueden contaminar al resto con su toxicidad.

4. M4 (saben y quieren): son profesionales que ya han adquirido las habilidades y competencias necesarias para desarrollar su trabajo, pero no están satisfechos, quieren seguir mejorando. Su trabajo es una extensión de su persona. Su propósito vital está totalmente alineado con el profesional. Son los «trabajadores pasión». Aman lo que hacen. Les revitaliza. Se encuentran en un estado de «Engagement» y hacen lo que les gusta. Su vida profesional y personal se encuentran fusionadas. Ambos perfiles DISC se solapan, tanto el natural, como el adaptado. Aplican sus principales fortalezas en su trabajo. Estos perfiles son los «unicornios de las ventas» que deberemos cuidar con esmero para que no caigan al nivel M3.

Estas son algunas de las herramientas que utilizamos. Liderar bien contribuye a multiplicar resultados, a cohesionar al equipo y a construir marca. Seducir el talento de tu empresa la proyecta a otra división. A una donde están los mejores. No se retiene el talento porque no les atamos mediante cadenas. Se les enamora. Estamos delante de personas. Para fidelizarlas, hay que trabajar duro.

Dirigirse únicamente a nuestro cerebro racional es un error mayúsculo y común. Comandos y más órdenes. Mediciones y más KPIs despersonalizan nuestro trabajo como líderes. Nos alejamos, con nuestra deficiente gestión, del corazón del equipo.

El analfabetismo emocional en los mandos está a la orden del día. Las habilidades blandas son tan insignificantes que ni se aplican. Se evaporan al calor de las discusiones de ego.

Desde luego que yo no tengo la fórmula mágica. En mis casi treinta años de gestión de equipos de ventas, me he equivocado en ocasiones, he evolucionado a medida que disminuía mi ímpetu teórico, he aprendido que las órdenes no seducen, sino que espantan. Hoy sé que el miedo no es una buena estrategia de dirección comercial. Fórmate y confía en profesionales que ya han recorrido el camino. Que se actualizan y que se preocupan por ti.

Instaurar un estilo de liderazgo que sirva de verdad no es una tarea sencilla, pero es más factible si posees una palabra con un tremendo valor para mí: el compromiso. No sirve para nada mandar a tus ejecutivos a un retiro de fin de semana. Los ejercicios de *team buiding*[20] están muy bien, pero no son en absoluto suficientes. Representan una nueva mirada y un punto de reflexión muy necesarios. Las actividades de *team building* que realizamos son de lo más disruptivas. Desde enseñar liderazgo en un velero de la Copa América, hasta retiros con sorpresa.

Nuestra experiencia nos ha enseñado que, en primer lugar, el director de la empresa debe participar activamente como uno más en el proyecto. Debe involucrarse en todas las actividades que se promuevan. Si él no se implica, el equipo tampoco lo hará. Sencillo, pero real, tal y como nuestra experiencia atestigua. Tampoco es suficiente con enviar a los mandos intermedios a un curso de liderazgo. Si después de esta formación no hay alguien que vele por la correcta implementación de lo aprendido, sucederá lo mismo que sucede con las formaciones

---

20   *Team building*: Actividades lúdicas que se realizan con los profesionales y cuya finalidad es la de construir espíritu de equipo.

a las que no se hace un seguimiento: se olvidan los contenidos y volvemos a nuestro día a día.

El liderazgo es uno de los términos más nombrados en el mundo de la empresa. Pertenece al famoso baúl de las palabras mágicas. Parece que, solo con mencionarlo, te llevará a tu sueño en una alfombra voladora, sin esfuerzo alguno. Con solo pronunciarlo, tu marca relucirá como la lámpara de Aladino. No es tan fácil. El «Brand washing» (lavado de marca) ha existido siempre y existirá. El mundo de Walt Disney se instala en las empresas que no velan por implementar un liderazgo humano. Las que sí lo hacen, serán los referentes del futuro; el espejo en el que todo el mundo querrá mirarse. Serán las grandes atractoras del talento. Nunca te olvides de que lo que tienes delante es un ser humano y, aunque nos queramos parecer a ellos, no somos robots. Todo lo que engancha, eleva, fideliza, entusiasma y construye, pertenece al mundo que nos humaniza. Todo lo que merece la alegría en nuestras vidas, está en el territorio del corazón. Sin él, serás una marca sin fuerza ni poder de atracción.

G. LIDERAZGO BASADO EN EL EJEMPLO

Se han escrito muchas páginas sobre liderazgo, miles de palabras que pronunciamos sin que aporten más valor que el descrito por Aristóteles en su retórica política hace más de dos mil trescientos años. El filósofo griego hablaba del Ethos, que no era otra cosa que demostrar con el ejemplo aquello sobre lo que se predica. ¿Sencillo no? Liderar con la actitud es un concepto sencillo, pero tremendamente complicado de encontrar. Según mi criterio, ejercerlo no requiere de constructos psicológicos complejos. En el campo de las ventas, un líder comercial debe demostrar con el ejemplo que lo que dice se puede conseguir. Sal a la calle con ellos y demuéstraselo.

En mi trabajo como director comercial es mi señal de identidad, tanto con mis vendedores como ahora con mis clientes. Existen grandes profesionales homólogos que no han vendido nunca y que tienen otro estilo. El mío, solo es el mío. Cada uno utiliza el que cree más eficaz con sus equipos. Para mí, el liderazgo más potente es el basado en el ejemplo y para poder darlo tienes que tener autoridad en la materia; la que solo te da la experiencia exitosa en la calle.

La acción distingue a los líderes auténticos. Son aquellos que no se vanaglorian de lo que dicen que hacen, sino los que con su manera de trabajar arrastran al resto. Los que solo hablan se instalan en su gran burbuja Disney y acaban convirtiéndose en los «Líderes *Cillit Bang*». Todo lo hacen bien y presumir, destacar y alimentar su ego, son sus únicos objetivos. La mejor forma de comprobar que los valores de una empresa son vividos por sus trabajadores es observando su conducta. Si los líderes no se creen lo que dicen, no lo transmitirán con la suficiente fuerza. Los planes están llenos de buenas intenciones. Pueblan escritorios enteros. Nos instalan en una pseudoseguridad muy peligrosa, cuando en realidad estamos más amenazados que nunca.

Existe un eterno debate en lo referente a si un director comercial debe haber sido vendedor con anterioridad. Ríos de tinta y bytes han corrido corriente abajo. Podría responder desde la teoría y quedarme en tierra de nadie, o podría hacerlo desde mi experiencia de treinta años dirigiendo y formando equipos de ventas. Elegiré la segunda.

La mejor herramienta que siempre he tenido para capacitar a mis comerciales siempre ha sido la de salir a la calle y demostrar con hechos que sí se puede. Al hacerlo, te respetan, te escuchan y te siguen.

Uno de los principios de la persuasión de Robert Cialdini es el de Autoridad. No hay mejor manera de influir en los demás que demostrando dominio teórico y práctico de la materia. La teoría está muy bien para darles a los vendedores un certificado que nunca cuelgan en la pared, pero lo que verdaderamente los transforma son las demostraciones ahí fuera. Es después de la visita cuando puedes corregir al vendedor y, posteriormente, poner de manifiesto lo que enseñas. Lo hacemos en Ventas Híbridas.

Es muy fácil postular. De eso vamos muy sobrados, pero los menos usados son los verbos hacer y demostrar. Un vendedor respeta a aquel que habla su código, que conoce sus problemas y todas las excusas que va a poner. Ese líder, si además ha tenido una trayectoria brillante, despliega una autoridad que no solo inspira, sino que moviliza a todo el equipo. El haber sido un profesional de este sector es una condición, desde mi punto de vista, necesaria, aunque nunca suficiente. El director comercial o jefe de ventas deberá adquirir herramientas y competencias en la gestión de personas tales como liderazgo, coaching de equipos, coaching comercial, etc.

Gestionar vendedores es de lo más complicado que existe. Somos muy difíciles. Existen diversos tipos de liderazgo comercial. El situacional, el carismático y el emocional son los más nombrados. Todos están mezclados entre sí así que, al final, es una cuestión de semántica. Lo que importa es la capacidad de influencia que un director tiene sobre su equipo. Se tiene o no se tiene, es lo único que importa. Convertirse en un líder no es algo que se adquiere por inspiración divina. Hay virtudes como la inteligencia emocional, la capacidad de escucha y las ansias de ego, que se traen de fábrica. Un líder no es un colega con el que te vas de copas, es un profesional cercano a la par que firme y que sacará lo mejor de ti. Su misión es la de hacerte un profesional de diez, no la de colgarse medallas.

Liderar es muy complejo, incluso no es suficiente con hacer los cursos de turno, es algo que se sigue aprendiendo durante toda una vida. Muchos empresarios promocionan a los grandes vendedores para, por una parte, premiarles por su rendimiento, y, por otra, replicar su buen hacer con el equipo. Con esa decisión perdemos a un gran profesional y puede que le quitemos el puesto a un buen director comercial. Todo esto desemboca en una pérdida de oportunidades que nunca regresarán. Efecto negativo doble. Lo explicaré desde la metodología DISC de la que estoy hablando a lo largo de este libro.

Analicemos la figura 19.

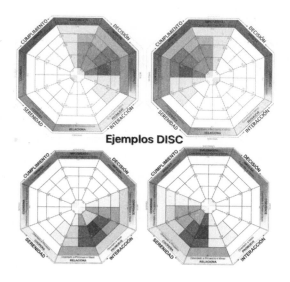

Figura 19.

La figura de arriba a la izquierda representa el perfil objetivo, puesto que la empresa ha fijado para un comercial. La figura de abajo a la derecha representa el que ha establecido para el puesto de director comercial. Nuestro vendedor tiene el perfil perfecto (DI) para el puesto de comercial que ha fijado la empresa. Ambos coinciden. Está fuertemente orientado a los retos y a las tareas para conseguirlos. Priman las ventas y no tiene ninguna responsabilidad sobre el equipo. Es un profesional solitario al que no le gusta que lo acompañen en las visitas. Está acostumbrado a conseguir los objetivos y es nuestro mejor trabajador. La empresa piensa que puede replicar su éxito en el equipo de ventas y lo promociona a director comercial. Este nuevo perfil (SI) tiene demandas de puesto diferentes a las que venía realizando. Ahora tiene que orientarse hacia las personas y diseñar todos los procesos necesarios para lograr que el equipo venda. Ya no realiza una labor en solitario, sino que ahora tiene que interactuar con todo el personal a su cargo, escucharlos con empatía y guiarlos hacia su mejor versión. Elaborar protocolos y diseñar procesos le agotan, ya que no están entre sus principales habilidades. Como puedes comprobar, la distancia a recorrer entre ambos perfiles es muy grande y requiere la inversión de grandes cantidades de energía por parte de la persona elegida. Al final, no solo acabará desmotivado, sino que su rendimiento como director comercial se desplomará sin remisión. Su perfil no encaja con lo que le pide la empresa. El problema surge cuando este vendedor actúa desde las tareas y los retos, alejándose de las personas. Cuando diriges equipos, te debes a ellos, no a ti ni a tu ego. Debes adaptar tu estilo de conducta al de aquellos a quienes diriges, liderar desde el ejemplo. Si potencias un estilo conductual (D) sin ningún otro motor de conducta y, además, lo ejerces en un porcentaje superior al setenta por ciento, tus directrices son percibidas como órdenes. Si solo funcionas desde al hemisferio izquierdo (racional) y no estás cerca de todos y cada uno de los miembros del equipo, los resultados no llegarán y la fidelización se esfumará. Estás sobreliderando. Enuncias frases como esta:

«Esto se hace así y punto. He demostrado que funciona. Por lo tanto, no me vengáis con excusas y cumplid con lo que os pido, de lo contrario, ya sabes dónde está la puerta».

He exagerado un poco la situación, pero es un caso que me he encontrado con cierta asiduidad. La instauración de un estilo de liderazgo pétreo quema al personal. Dirigir desde el miedo y la orden del tipo «Porque lo digo yo», nunca ha sido buena decisión. Cuesta miles y miles de euros a las empresas. Al hacer esta promoción pierdes dos puestos, el de director comercial y el de tu vendedor estrella.

Existen otras formas de premiar el trabajo bien hecho. Un líder de equipos de venta debe estar orientado hacia las personas, ayudarlas en la conciliación entre la vida profesional y la personal, mostrar empatía y capacidad de escucha y ayudarles a vender más. Es así como se consiguen equipos comprometidos, fieles y productivos. No todos tienen ese nivel de consciencia de sus incompetencias. No hay más ciego que el que no quiere ver.

Veamos dos profesionales que empiezan en ventas y que necesitan, urgentemente, el apoyo de dirección comercial:

1. Júnior-júnior: joven de edad e inexperto en ventas. Empieza con toda la ilusión del mundo. Recibe una formación en producto y al cabo de dos semanas lo mandan a la calle. Los rechazos empiezan a aparecer. Visita siempre solo. Se siente siempre aislado. Nadie de la empresa acude en su ayuda. La travesía por el desierto le deja sin aliento y seco y, más pronto que tarde, abandonará ese trabajo y quizás también la profesión. ¡Cuántos profesionales valiosos se han perdido de esta forma!

2. Sénior-júnior: de edad avanzada y nuevo en la profesión. Desconoce los fundamentos básicos de las ventas y su operativa. Jamás ha vendido. No sabe cómo organizar su agenda porque nunca lo ha hecho. La empresa supone que domina la operativa, pero nuestro sénior-júnior no tiene ninguna experiencia previa, por lo que necesita ayuda en esta fase con urgencia. Es muy crítico. Tiene cargas y necesita vender desde el inicio. Las

críticas a la empresa no tardan en aparecer. Si no se le apoya, acabará abandonando. Ambos perfiles tienen algo en común:

a) Ambos representan una inversión para la empresa no valorada, pero que es considerable. Tiempo es dinero y, junto a la evaporación de oportunidades, suponen una pérdida económica nada desdeñable.

b) Ninguno de los dos ha llegado a ver el oasis que les esperaba tras la travesía. No han podido catar las mieles que degustan los vendedores profesionales, que son aquellos que dependen de sí mismos, que ayudan a sus compañeros y consiguen la libertad financiera. Una vez conoces el oasis, ya nunca querrás irte de él.

Apoya a tus vendedores. No son máquinas y necesitan tu aliento. Si tú no lo haces, alguien lo hará por ti.

6. Habilidades y actitudes olvidadas

> «Hay raras habilidades perdidas en el mundo que son mal empleadas por aquellos que no saben aprovecharse de ellas».
>
> Miguel de Cervantes.

OPTIMISMO

Todos mis libros tienen un apartado dedicado al optimismo. Cada uno de ellos tiene un enfoque diferente y complementario. El primero alumbró la «Optitud». Nació como la fusión entre el optimismo y la actitud. Evolucionó hacia un modelo de quince virtudes, el Modelo Optitud recogido en «Optitud ante la adversidad». En «El arte de vender» y en «Cómo ser el mejor vendedor del mundo. El método Sell It», ambos de esta misma editorial, les dedico sendos capítulos. En esta nueva obra he dado un paso más. He pedido, a reputados profesionales en sus campos, sus opiniones sobre qué es el optimismo para ellos. Este año he iniciado lo que he denominado la «Semana del Optimismo». Pretendo repetirla todos los años con nuevos contenidos y dinámicas.

El optimismo es una virtud desconocida y atacada por quienes no la poseen. Es el reflejo de la historia de la humanidad. Repleta de polarizaciones y simplificaciones. No nos gusta pensar. No queremos invertir energía en procesar racionalmente la información que nos llega. Desde 2005 he comprobado cómo científicos sesudos lo criticaban, cómo profesores de universidad mezclaban optimismo con positividad, profesionales que confunden optimismo con ser un iluso y, en general, cómo no le damos la importancia que tiene en el desarrollo de los equipos. Al hilo de esto, te aporto una definición propia:

> «El optimismo es una actitud rebelde ante la adversidad y ante la mediocridad de pensamiento. No se doblega ante el mal que intenta anular la esperanza. Significa esperar lo mejor del futuro sin hacerlo sentado. Significa aplicar nuestras mejores virtudes en la persecución de nuestros sueños. El optimismo es una actitud solidaria hacia los demás que nace de una decisión personal».

Martin Seligman, fundador de la psicología positiva, tiene su definición:

> «Ser optimista significa esperar lo mejor del futuro, planificar y trabajar para conseguirlo».

El optimismo no es un invento americano. Ellos no inventaron la humanidad. Ya estaba presente en las cuevas del Paleolítico. De no haber existido, en épocas climatológicamente muy adversas y en las que alimentarse era muy complicado, nos habríamos extinguido como especie. El cazador esperaba lo mejor en un clima hostil. Muchos se rindieron, pero los otros siguieron luchando. No escucharon a los que intentaban disuadirles. Por suerte, el gen optimista viene siendo transmitido genéticamente desde hace miles de años. Se hereda, aunque este factor no determina que se expresen o no esos genes. Son la voluntad y el ambiente los que determinan que lo ejerzamos o no.

Veamos la definición que nos aporta David Asensio García, director de la consultoría «Chocolate rojo»:

> «El optimismo es como una tarta que no te ha salido igual que en el libro. Con aspecto desconocido, que produce incertidumbre al quererla probar. Pero cuando la pruebas, te produce una sonrisa, ya que sabe a querer hacerla mejor porque tiene un sabor increíble del que no te quieres separar. Sabes que te has confundido, que no has hecho algo, pero todo ello te impulsa a probar, descubrir, experimentar para superarte y, aunque sepas que no lo harás perfecto, te sentirás a gusto contigo por haberte superado».

David es un gran experto en el campo de la creatividad, tal y como has podido comprobar.

El optimismo está más presente y arraigado en otras culturas que en la nuestra. El Club de Optimistas de Walnut en Iowa, Estados Unidos, tiene un credo con varios principios que debes cumplir para ser miembro:

1. Mantente tan fuerte que nada pueda molestar tu paz mental.

2. Habla de salud, felicidad y prosperidad a cada persona con la que te encuentres.

3. Haz que todos tus amigos se sientan especiales.

4. Mira el lado luminoso de las cosas y consigue que tu optimismo se haga realidad.

5. Piensa solo en lo mejor, trabaja solo para lo mejor y espera solo lo mejor.

6. Sé tan entusiasta con el éxito ajeno como con el tuyo propio.

7. Olvida los errores del pasado y presiona para conseguir mayores logros en el futuro.

8. Lleva un semblante alegre todo el tiempo y regala a cada ser vivo con el que te encuentres una sonrisa.

9. Invierte tanto tiempo en mejorar personalmente que no tengas tiempo de criticar a otros.

10. Sé demasiado completo para preocuparte, demasiado noble para enfadarte, demasiado fuerte como para tener miedo y demasiado feliz para permitir la presencia de problemas.

Desde luego que hacen falta muchos más clubes como este en nuestro país. El problema radica en el terreno en el que tenemos que plantar nuestras intenciones. Es un lugar difícil, seco, duro y poco abonado. Muy pocas iniciativas optimistas pueden crecer así. Veamos la definición que nos da Lucía Crosas, directora gerente de la Fundación Universidad Politécnica de Catalunya:

«Es una actitud, no necesariamente innata y, por lo tanto, aprendible y necesariamente entrenable. Permite afrontar la vida en todos sus ámbitos, nos impulsa a la acción para tomar decisiones acertadas, pero que no siempre producen éxitos directos. El optimismo nos lleva a perseverar sin caer en el desánimo, tanto si triunfamos, como si fracasamos. Nos lleva a pasarlo lo mejor posible, tanto en la bonanza, como en la adversidad».

El optimista explora y fruto de esa actitud se rodea de personas que le aportan. Se enfrenta con valor a sus propios miedos y limitaciones. Se cae muchas veces porque lo intenta muchas veces. Nunca abandona, pero si deduce (el optimismo procede

del cerebro racional) que sus esfuerzos son en vano, no sigue mal-
gastando fuerzas y cambia de estrategia. Continúo con las aportaciones que amablemente me han dado varios profesionales:

> «Optimismo es llenarse con gente con ganas de vivir,
> con ganas de trascender, con ganas de dejar una huella
> buena en la vida de los demás, llenarse de personas no
> conformistas, flexibles y receptivas, de gente que viva la
> vida con pasión, intensidad, resiliencia, gratitud y amor.
> La energía se transmite. Llénate de lo que te llena». (Joxi
> Azurmendi Altuna, jefe de ventas de GH Cranes).

> «Ser optimista significa concebir la vida de una forma
> positiva, pensando que todo lo que está por venir es evo-
> lución. Lo definitorio es nuestra posición en el presente
> y la convicción de producir esa evolución en los demás y
> en nuestra propia vida. Mirar hacia el futuro es asumir
> que existe esperanza de mejora y que nuestra labor es el
> factor determinante». (Rómulo Correa Moreno, director
> comercial de ElectryConsulting).

> «Es sentir que, en cada hecho, circunstancia o persona,
> vamos a encontrar algo positivo — lo mejor —porque por
> nuestra parte hemos invertido todo lo necesario. No debe-
> mos confundir el optimismo con ingenuidad. Siembro,
> cuido, riego y lucho para que en cada asunto aflore lo mejor»
> (Juan Ariza Ruiz, director comercial de IberEléctrica).

> «Es enfrentarse a cada momento de la vida y, por
> supuesto, a cada logro, con la ilusión y el positivismo de
> saber que somos realmente afortunados con lo que tene-
> mos, con las personas que nos rodean y con lo mucho
> que nos enseña y ayuda a mejorar todos y cada uno de los

resultados de nuestras acciones. Por eso es importante disfrutar de cada momento». (Joaquín Danvila del Valle, jefe del departamento de formación *online* y desarrollo del negocio digital de IEB).

«Es la capacidad de focalizar la atención en la posible solución ante un problema. Predisposición para encontrar oportunidades; inversamente proporcional a la preocupación sin acción». (Marta Freire Úbeda, consultora y coach).

«El optimismo es una fortaleza que requiere un cuidadoso entrenamiento para mantenerlo en equilibrio. Es como el motor de un coche lleno de engranajes que funcionan mejor cuanto más se cuidan. El optimismo nos conecta con nuestra capacidad de enfrentarnos hacia un futuro mejor, nos permite discernir las dificultades que conllevará el camino y anticipar las soluciones de forma óptima y adaptativa». (Tony Corredera, psicólogo general sanitario).

Como puedes comprobar, la riqueza de todo lo que han aportado estos profesionales es enorme. Cada definición es diferente, fresca y tiene un enfoque concreto. Existe un camino muy largo que tenemos que recorrer en lo concerniente a la educación en optimismo. Debe empezar en casa, con nuestros padres, continuar en la escuela y universidad, extenderla a las empresas y desde ahí contribuir a una sociedad más saludable e inteligente. Prestamos mucha atención a todo lo saludable, excepto a lo referente a nuestra mente. Ponemos cercados a las grasas insaturadas, a la contaminación acústica y química, a la deforestación, al cambio climático, a los malos hábitos... Todo ello físico y tangible; pero, sin embargo, nos mostramos indiferentes a lo intangible, al motor que produce acciones que nos beneficiarían a todos como sociedad. Hablamos de la mente. Dejamos circular sin control mantras muy peligrosos, creencias falsas y perniciosas sobre el ser humano, frases hechas cuyo único propósito es destruir y vendemos incompetencia a todas horas. No existe ningún organismo regulador de todo esto. Es tan importante lo que comemos, como lo que leemos, sin embargo, no le otorgamos el mismo estatus. Siendo la mente donde comienza todo, la tenemos muy descuidada, sin vigilantes de la tontería, ni guardianes de la ciencia. El optimismo es la virtud del carácter más relevante en el desarrollo humano y actúa como catalizadora de muchas otras virtudes como, por ejemplo, la creatividad. En Silicon Valley, según ha estudiado en su obra «Geografía de los genios», su autor Eric Weiner, se practica un optimismo salvaje. Si no existiera, mucha de la tecnología que consumimos hoy tampoco lo haría.

POSITIVIDAD

La positividad se confunde a menudo con el optimismo. Se refiere a la cantidad de emociones positivas que experimentas, mientras que el optimismo es un pensamiento propio del cerebro racional. Es cierto que la línea que separa ambos conceptos es muy delgada, por lo que son parientes muy cercanos. Los pensamientos producen emociones y viceversa. Podemos generar estados de ánimo positivos diseñando, racionalmente, estrategias para conseguirlo. Crear entornos laborales positivos trae muchos beneficios a las empresas y fomenta el pensamiento creativo, tal y como te muestro en los siguientes estudios:

1. Aumento de las ventas en un treinta y siete por ciento (Shawn Achor, Universidad de Harvard).
2. Aumento del trescientos por ciento en innovación (Harvard Business Review).

3. Aumento del cuarenta y cuatro por ciento en la retención del talento (Gallup).
4. Aumento del treinta y uno por ciento de la productividad (Shawn Achor).
5. Disminución del sesenta y seis por ciento de las bajas laborales (Forbes).
6. Disminución en un ciento veinticinco por ciento del «Burnout» (Harvard Business Review).
7. Aumento de la creatividad en un trescientos por ciento (Harvard Business Review).
8. Trabajadores tres veces más satisfechos se entregan diez veces más (Gallup).

Fabio Sala es un reputado Doctor en Psicología Social y experto en comportamiento humano. Afirma lo siguiente:

> «Los líderes de equipos de alto rendimiento provocan en sus subordinados tres veces más risas que los que obtienen rendimientos medios».

Quiero matizar que la positividad por sí sola no produce resultados si no está acompañada por el talento. Si eres alguien sin talento y crees que pensar en positivo te traerá numerosas oportunidades, estás en un error mayúsculo. Vender es mucho más complejo que reírte a todas horas. Los detractores de lo positivo y del optimismo cometen conscientemente una asociación falsa. Aíslan a propósito el talento de la positividad. Afirman que solo con ser optimista y con silbar por el monte todo el día, conseguiremos nuestros sueños, aunque seas un perfecto inútil. Meten en el mismo saco a la positividad con base científica, a la vacía de contenido que tanto circula. Confunden a la gente mezclando a los ilusos con los optimistas y los positivos con los ignorantes. Ellos saben en su fuero interno que esto no es así, pero se niegan a cambiar su postura. Los que estamos en ventas lo sabemos. Conocemos la realidad al detalle; si no lo hiciéramos, nos despedirían. Vivimos pegados a nuestros resultados y a la tierra. Para conseguirlos, tenemos que estar con los dos pies tocando el suelo, pero no demasiado. Sabemos que con pensar que todo pasará y que venderemos mañana sin cambiar nuestro comportamiento, es irreal. No somos unos ilusos ignorantes. Pero también es cierto que, si estamos todo el día quejándonos de nuestra mala suerte, tomamos el café con cenizos recalcitrantes, y si «compramos» todas las profecías catastróficas que nos muestran los medios continuamente, corremos el riesgo de no vender. Es un lujo que no nos podemos permitir. Por eso te pido, como profesional, estés en el campo que estés, que no interiorices las creencias limitantes pronunciadas por los que no son capaces de conseguir aquello por lo que tú luchas.

No todo el mundo posee las mismas fortalezas. En el segundo módulo del Método, trabajo esta herramienta para, primero, conocernos mejor y, desde ahí, crecer como profesionales. Pues bien, hay una fortaleza que marca la diferencia y que no todos los vendedores poseen: es el sentido del humor. Este produce una cascada de emociones positivas que favorecen la visita. El efecto de ejercer el sentido del humor en tu trabajo es la risa. Esta tiene efectos probados en nuestro organismo tales como:

1. Relajar la tensión del cliente.
2. Acercar a los dos actores en escena mejorando la sintonía.
3. Segregar hormonas como la serotonina, la dopamina y la oxitocina que producen emociones positivas.
4. Mejorar la presión sanguínea.
5. Fortalecer el sistema inmunitario.

6. Hacer que disminuyan los niveles de cortisol en sangre.
7. Provocar la apertura mental en el cliente y mejorar su capacidad de escucha.
8. Facilitar el cierre.

Ahora bien, si el humor no está entre tus principales fortalezas, no lo uses. Los efectos son los contrarios a los deseados. Hacer que tu cliente estalle en carcajadas en una reunión no tiene precio. El anclaje emocional que se produce hacia tu persona es muy potente. Es una de las veinticuatro fortalezas que se extraen del Test VIA y que les facilito a mis alumnos. En mi caso, está en la posición cuarta. No digo que el vendedor tenga que pertenecer al Club de la Comedia, ni que las visitas se reduzcan solo a momentos divertidos. Estas son mucho más complejas. Tenemos que tomarnos el humor más en serio porque es un ingrediente de la receta del éxito. Bien utilizado te abre las compuertas del castillo. Fortaleza muy útil para clientes cansados de recibir visitas que agotan y aburren.

Crear entornos laborales positivos en los departamentos de ventas requiere del diseño de una estrategia basada en la ciencia. Es preciso conocer a la empresa y su problemática, las relaciones entre compañeros, procesos comerciales y de comunicación, fortalezas grupales, recursos dormidos y un largo etcétera. No pienses que, con poner un futbolín, unos cuantos pufs y una máquina de hacer palomitas, la positividad estará creada. Es algo más complejo y nada naif. En el equipo tenemos expertos que ayudan a implementar estos entornos. Es la siembra de la motivación intrínseca y de la fidelización del equipo. Es tan importante que no se le hace ni caso.

COMPROMISO

En mis conferencias hay una palabra que nunca me cabe en las diapositivas. Diferencia entre los profesionales que progresan y los que no. Hablamos del compromiso. Recuerdo una ocasión en la que charlaba con un profesional de un sector específico. Afirmaba con resignación lo siguiente:

«¡En este sector nadie se paga de su bolsillo las formaciones!».

Me parece una afirmación que, si es cierta para todos los vendedores de ese sector, denota un camino de mejora por recorrer muy largo, a la vez que resulta muy triste. Dejar la progresión de tu carrera en manos de terceros es una temeridad que pagarás caro, tarde o temprano, aún más en los tiempos que corren. En mi caso particular, me he pagado de mi bolsillo cuatro másteres, un certificado de experto en DISC y otro de Analista Conductual, por citar los que mayor desembolso de dinero me supusieron. Uno de los postgrados que cursé fue un *Practitioner in Positive Psychology Coaching* impartido en Madrid. Se me acercó el fundador de una Escuela de Coaching muy conocida a nivel nacional. Reproduzco la conversación:
—¿Eres coach? —me preguntó, Francisco.
—No —le respondí.
—Entonces, ¿vivirás en Madrid? — siguió indagando.
—No. Vengo de Pamplona —contesté.
—Me tienes intrigado —afirmó, un sorprendido Francisco.
—¿A qué te dedicas entonces? —inquirió.
—Soy vendedor.
Su cara palideció. No supo qué decirme. Su rostro lo decía todo. Ese máster me costó, entre la matrícula, desplazamientos y hoteles, unos seis mil euros en el 2012.
Si esperas a que la empresa te desarrolle y lo dejas en manos

de departamentos que tardan una eternidad en tomar una decisión, entonces, tienes un problema muy serio. El mío es un caso más entre los muchos en que los vendedores deciden formarse por su cuenta. Las empresas comprometidas con sus equipos son ágiles y escogen a sus responsables comerciales. Las que son lentas pasan la pelota a otros departamentos que lo ralentizan todo. ¿Vas a esperar a que te formen? Los mejores profesionales muestran una actitud proactiva que los lleva a una capacitación constante. Saben cuál será el coste económico, físico y emocional, pero están dispuestos a pagar el peaje. Lo bueno cuesta esfuerzo. Están comprometidos con su desarrollo y no esperan. Deciden y actúan. Se forman y crecen. Me resisto a pensar que, en un sector entero, todos los vendedores no se formen por su cuenta. Las generalizaciones son muy peligrosas. Si esto es cierto, este gremio, de una industria tan potente, tiene un grave problema de estancamiento. Si solo entra el aire cuando el gestor de la ventana la abre, la habitación estará viciada, no respirará transformación alguna y la mediocridad se instalará cómodamente en la sala. En esas condiciones tóxicas, el talento no se desarrolla y las organizaciones no evolucionan todo lo que podrían. Un vendedor sin iniciativa es uno que no ama su profesión.

ILUSIÓN

La ilusión es una percepción subjetiva de la realidad que nos transporta a un universo lleno de posibilidades y, como tal, flota sobre la superficie. No es exacta ni tampoco lo pretende. Tampoco lo es el pensamiento racional. El optimismo es una interpretación de la realidad, de la cual percibimos un porcentaje muy pequeño (menos del uno por ciento de los impactos diarios). Por ese motivo, afirmar que somos realistas es una ilusión también. Vivimos en un mundo construido por nosotros mismos. Transitamos por él con un mapa diseñado a medida que encaja con nuestras esperanzas y anhelos. Ambos también son una ilusión. Cómo lo son el pasado y el futuro. El pasado lo construimos para que encaje con nuestro mapa. Para que salgamos en la foto muy favorecidos. Rellenamos huecos dado que nuestra memoria es muy frágil. Más de lo que pensamos. ¿Qué es lo que ha movido al ser humano desde nuestros orígenes? La ilusión. Sin ella todo languidece, se marchita y se vuelve hiperrealista. La magia se esfuma. La tierra se impone. Nos ancla al sitio y no nos permite volar. Los vendedores que no tienen ilusión también han perdido su fuerza y sus posibilidades. Los niños y niñas atesoran kilotones de esta cualidad mágica. Los ves corretear de un sitio a otro invirtiendo una gran cantidad de energía. Nada les agota. A veces, pienso que tienen la marmita druida en la que se cayó Obélix y se la reparten todas las mañanas.

En ocasiones, observo a vendedores que se han profesionalizado en exceso abandonándose a las métricas y que han eliminado la parte mágica de nuestra profesión. Profesionales que han dejado de divertirse. Su mirada está apagada, sin alma. Esto me recuerda a una experiencia que viví en el verano de 2023. Una cuadrilla de renacuajas, con sonrisas en sus rostros, corrieron a toda velocidad hacia donde nos encontrábamos mi mujer y yo. Justo acabábamos de entrar en los porches de la urbanización. Nos llevaron hacia donde se encontraba su punto de venta. Su respiración era agitada, pero en ningún momento dejaron de sonreír. Nos esperaban la responsable de logística (ocho años) y la financiera (siete años) sentadas sobre una manta en la que mostraban todas las pulseras y anillos que fabricaban a medida. Valentina (cinco años) y Marina (seis años), eran las encargadas de traer a los clientes al punto de venta. Cuando aparecía uno se decían:

—¡Uno nuevo! ¡A por él! —gritaban entusiasmadas, Valentina y Marina, para después emprender una carrera llena de ilusión y entusiasmo.

Cuando les pregunté qué iban a hacer con el dinero, me respondió Marina, la financiera:

—Muy sencillo, compraremos más aros —comentó con prontitud y total seguridad.

En ese momento, se acercó una mujer preguntando por el pintado de uñas cuyos precios figuraban en el cartel. Ella solo tenía un euro. Marina respondió:

—Valee... Entonces te voy a pintar (cierre de asunción) solo dos uñas —afirmó en un tono serio para guardar silencio a continuación.

A los diez segundos, la mujer se arrodilló y Raquel (seis años) comenzó a pintarle las uñas pagadas. Este era un grupo perfectamente engrasado en el que cada miembro tenía muy bien definido su rol. Es lo que llamamos un equipo de alto rendimiento. Nunca pensé que ese suceso se iba a quedar fijado en mi mente. A esas edades nuestro cerebro está en pleno proceso de crecimiento. Consume ingentes cantidades de energía y oxígeno para explorar y crecer. Seguro que lo que hicieron estas niñas se les quedará grabado y, quizás, alguna de ellas, el día de mañana, se dedique a las ventas. Vi mucho talento y muchas similitudes con los vendedores profesionales. Exploraban y generaban oportunidades continuamente. ¿Dónde han dejado los trabajadores su ilusión por vender? ¿Cuándo han dejado de divertirse haciéndolo?

CONSEJO

Aunque lleves treinta años en la profesión, no permitas que la desilusión se apodere de ti. Si estás en esa situación, observa cómo venden los niños. Encontrarás escenarios en los que podrán enseñarte importantes lecciones. Hay críos que te venden para su viaje de estudios camisetas, vecinos que me intentan vender sartenes usadas y niñas que venden zumos en eventos. Hay montones de ejemplos si quieres buscarlos.

LA SONRISA

Al igual que el sentido del humor, no lo posee todo el mundo. Sonreír es una actividad poco practicada. Algunos, incluso no saben. Estas personas esbozan una mueca inverosímil en un intento sin éxito. Para mí es una expresión del niño que todos llevamos dentro. Cuando alguien me sonríe, veo si ha «matado» a su niño interior o si, por el contrario, sigue estando vivo en alguna parte. En la hemeroteca te puedes encontrar políticos estadounidenses como Sarah Palin o el difunto James McCain que no sabían hacerlo y, cuando lo intentaban, quedaban peor todavía. Está comprobado que a nivel empresarial (Hoteles Ritz y Hospital Ochsner de Louisiana) y a nivel orgánico, una sonrisa auténtica es capaz de generar una cascada de consecuencias positivas. Una sonrisa verdadera es interpretada por nuestro interlocutor como una señal de confianza. El cerebro reptiliano decide que no eres una amenaza y sí alguien en quien confiar. Es entonces cuando el guardián del castillo te abre las compuertas. Queda mucho trabajo por hacer todavía.

Para sonreír hay que querer y después hay que saber. Como todo en la vida, lo falso se detecta. Y se hace a un nivel primitivo. El mensaje que brota desde el cerebro reptiliano es transmitido en banda ancha al neocórtex que emprende estrategias de huida: «Tengo una reunión», «Salgo de viaje», etcétera. Sonreír acorta la distancia entre dos seres humanos. Favorece la sintonía y establece un clima amable que influirá en el tono que reinará en nuestra reunión.

En el Hospital antes citado implementaron la regla 10/5 que siguen en los Hoteles Ritz y que consiste en lo siguiente: cuando un cliente está a diez pasos de nosotros, le sonreímos de verdad. Cuando se acerca a cinco pasos, le preguntamos, sin perder nunca la sonrisa, si les podemos ayudar. Muchos médicos se negaron. Adujeron que ellos estaban ahí para curar a los enfermos, no para sonreír. Al comprobar lo que estaba sucediendo en el vestíbulo, se quedaron sorprendidos. Todo el hospital estaba aplicando la regla. La cascada emocional que se produjo fue extremadamente contagiosa. También fue la responsable de un incremento de facturación del dos por ciento y de un cinco por ciento en las recomendaciones. Estimaron que, en un año, esto les había supuesto un aumento de ingresos de un millón de dólares. La sonrisa verdadera (Duchenne) implica la activación involuntaria de dos grupos musculares. Los de la boca y los de los ojos. No se puede fingir. O lo haces de verdad o se detecta. Y si lo haces de mentira, el reptiliano te etiquetará como amenaza. Nada de lo que hagas posteriormente servirá de nada. Para mí, que me sonrían, y que lo hagan bien, es una señal obligatoria para que pueda confiar y relacionarme. Quien no lo hace, no merece mi tiempo.

Investigaciones realizadas por Shawn Achor en todas las culturas del mundo, concluyen que cuando sonreímos el efecto contagio es irremediable. Los seres humanos estamos cableados para sonreír. Estamos diseñados para relacionarnos. Quien no sonríe, espanta. Es una señal que indica el comienzo de una relación, bien sea personal o profesional. En el lado opuesto se encuentra una persona que confunde, intencionadamente, la positividad con la magia pronunciada por los profetas de la autoayuda hueca y carente de ciencia. Como hizo Barbara Ehrenreich con su libro «Sonríe o muere», que es todo un credo que siguen a pies juntillas cenizos de todo el mundo, y cuya experiencia personal le condicionó a la hora de emitir opiniones sin base científica. Yo no lo compraré nunca. Día no sonreído, día perdido.

7. La empresa como sistema

«Los sistemas sanos funcionan de manera integral:
cada componente sustenta a los demás».

Ken Robinson.

Cuando los integrantes de un departamento de ventas se conectan, los resultados son espectaculares. Son los denominados equipos de alto rendimiento. La característica que marca la diferencia entre un grupo y un equipo es su grado de interconexión. Mis estudios en Ciencias Biológicas imprimieron en mi mente una concepción interconectada de la naturaleza. Esta es la de un sistema perfectamente alineado en el que el equilibrio es su estado natural. Cuando acontece una perturbación en el mismo, este se autorregula y vuelve a su estado de mínimo derroche de energía y recursos. Es la regulación homeostática. En la naturaleza, el estado de máximo equilibrio es aquel en el que los distintos elementos se encuentran interconectados en una relación de autorregulación. El lago Clear Lake de California, nos dio una importante lección que es perfectamente trasladable al mundo de la empresa. Lo resumiré en unas pocas líneas.

Había un mosquito que molestaba a los bañistas de este lago en los años ochenta. En ese momento, entra en acción un factor que rompe el equilibrio: el ser humano. Para erradicar los mosquitos, fumigan el lago con un insecticida que no solo los mata a ellos, sino también a todos los organismos acuáticos que los ingieren. Peces grandes se comen a los pequeños y, al hacerlo, multiplican las concentraciones en su organismo del insecticida Lindano. Estos peces muertos sirven como alimento para unas aves muy apreciadas: los Somormujos. Desciende su población. La pesca desaparece y en los fondos del lago se acumulan metales pesados fruto de la actividad minera y de la actividad agraria y ganadera. Una concatenación de acciones humanas provocaron una reacción en cadena en un sistema que estaba fuertemente interconectado y en equilibrio. La naturaleza no es un sistema aislado, al igual que tampoco lo es una empresa, aunque funcionemos así.

La naturaleza nos da más lecciones. En el libro, «El poder del desorden», de Tim Hartford, se muestra un episodio de lo más ilustrativo. Los paisajistas alemanes extraen una serie de árboles (no recuerdo el género y especie) de un bosque. Los plantan en hileras en un entorno urbano. ¿Qué sucedió? El bosque urbano murió. El motivo fue que, cuando los árboles estaban en su entorno natural, habían establecido una red de colaboración subterránea a través de las raíces por medio de las cuales se intercambiaban nutrientes. Además, existía una red simbiótica que alimentaba a distintas especies vegetales. Al desarraigarlos, comenzó su muerte.

Al igual que sucede en los bosques y en los lagos, las empresas son tan fuertes como lo son sus interconexiones. Estudios realizados en diferentes universidades y centros de investigación señalan la importancia de la conectividad humana.

En la década de los años cuarenta, se le encargó a un joven arquitecto llamado Don Whinston, diseñar los planos para levantar un edificio. Le dieron de plazo un fin de semana. El lunes los presentó. Fueron aprobados. Se empezó la construcción del famoso e icónico edificio veinte del MIT de Massachussetts. Concebido para detectar submarinos nazis. Cometió un pequeño error-bendición. Fue el de no crear un vestíbulo. Cuando los inquilinos de los despachos querían irse a sus casas, se mezclaban irremediablemente con otros colegas que también abandonaban sus lugares de trabajo. Fruto de esas interacciones surgieron empresas como la audiovisual BOSE entre otras. La conectividad con los demás es una incesante búsqueda del ser humano.

¿Qué sucede con los vendedores? Según mi experiencia y, tras años de lectura sobre distintas investigaciones que se han realizado en todo el mundo, el perfil que más abunda es el de los «Vendedores solitarios». A ninguno le gusta que le acompañen en sus visitas. No queremos que nos controlen. Por otro lado, las empresas no disponen de un conocimiento profundo de los perfiles personales y profesionales con los que cuenta, ni tampoco de protocolos de interconexión entre los distintos comerciales. La urgencia mata toda iniciativa. El resultado a corto plazo es el rey, y los trabajos a medio plazo se postergan indefinidamente. Así que, en primer lugar, debo conocer bien a los vendedores y, en segundo lugar, debo idear estrategias para conectarlos. Así de sencillo y así de complicado. Conectar a los profesionales lleva aparejado una transferencia de virtudes y habilidades entre los distintos miembros del equipo. A veces se parte de una premisa falsa: que este trabajo debe hacerse en solitario. Y nada está más lejos de la realidad. Es preciso extirpar este carcinoma de las organizaciones.

Marcial Losada, del que te he hablado anteriormente, creó una fórmula para medir el rendimiento comercial. Estableció tres parámetros en los que destacan los equipos de alto rendimiento: indagación versus persuasión, ratio de positividad y orientación hacia los compañeros. En ella hay tres sumandos y un multiplicador de todos ellos: la conectividad. Estudió lo que sucedía cuando los equipos se conectaban. La conclusión fue increíble. Lo obtenido fue muy superior a la suma de los resultados de los integrantes aislados. La dinámica de Lorenz surgida presentaba crecimientos en ventas exponenciales y no lineales. La creación de sistemas complejos redunda en un aumento significativo de los resultados del equipo. Las empresas son organismos vivos. No solo debemos poner en contacto a los vendedores dentro del departamento comercial, sino también con el resto de los departamentos. La naturaleza conecta sin pensarlo y las empresas se desconectan conscientemente. Cuando los distintos órganos de un cuerpo humano dejan de recibir el fluido vital, empiezan a morir. Cuando en las empresas y sus distintos departamentos no se relacionan ni se comunican, todo ello desemboca en un mal funcionamiento, pérdida de la eficiencia y de la competitividad. Estamos cableados para tejer redes con los demás. Todos los departamentos de la empresa deben estar alineados. Comunicación, marketing, ventas, *branding* y personas, deben estar integrados y remar todos de forma coordinada. De lo contrario, el barco da vueltas y más vueltas quemando recursos de manera indiscriminada.

Quería hacerte un pequeño apunte sobre los sistemas. Un sistema complejo no es lo mismo que uno complicado. Un sistema en el que prima el exceso de burocracia está mal diseñado. Las empresas ágiles se comen a las grandes. Las sucesivas cadenas verticales añaden peso y provocan respuestas lentas y torpes. A medida que interpones escalones entre el cliente y la empresa, te alejas de aquellos que te pagan las nóminas. El consultor, Xavier Marcet, lo expresa a la perfección en sus escritos. La burocracia de las grandes empresas a la hora de tomar decisiones les impide crecer más. Les pone una venda en los ojos que no les deja ver con claridad la realidad de un mercado cada vez más líquido. Cada vez más gaseoso.

8. El valle de la incomodidad y el cerebro triuno

«La incomodidad trae participación y cambio».

Seth Godin.

Cuando diseñé el «Valle de la incomodidad»[21] del Método, no conocía esta fantástica frase de Seth Godin que figura en su libro «Esto es Marketing». El mercado es muy parecido en cuanto a los productos y servicios disponibles, así como en la forma de proceder del vendedor. Este intenta agradar al cliente contándole lo mucho que le admira, tanto a su empresa, como su gestión. Se deshace en elogios. El comercial no cumple una ley importante en ventas: «La ley de las expectativas crecientes». No sorprende a su cliente, no destaca sobre el resto y su visita decae nada más empezar. La palabra emoción deriva del latín «Emotio» y se traduce como impulso al movimiento. Si no soy capaz de generar emociones en mi visita, no generaré movimiento y no cambiaré la inercia en la que está cómoda-

---

21   https://youtu.be/ZXFI9BwpwfU

mente instalado mi cliente. Si solo nos abonamos al territorio de las palabras, no conseguiremos modificar su reposo tranquilo. Se encuentra sentado en su sofá preferido con su cuenco de palomitas y no ve necesario levantarse ni prestarte atención. Se mantendrá en esa posición, a no ser que seas capaz de cambiarle de estado. Seguirá comprando a su vendedor habitual si no somos capaces de sacarle de su zona de confort y de descubrirle algo valioso y nuevo. Incomodarlo de la manera correcta es todo un arte, provocarle emociones negativas de baja activación (descenso del Valle de la Incomodidad) sin enfadarle, solo está al alcance de las mentes preparadas. Si no provocamos incomodidad, si no le hacemos reflexionar sobre sus puntos de dolor, no habrá movimiento. ¿Cómo se consigue esto? Requiere de la integración de diversas herramientas, las cuales serán utilizadas en el momento oportuno y en la proporción adecuada. Estamos en los pasos tres, cuatro y cinco del Método.

La pendiente descendente del recorrido por el Valle de la incomodidad te la muestro en la figura 20.

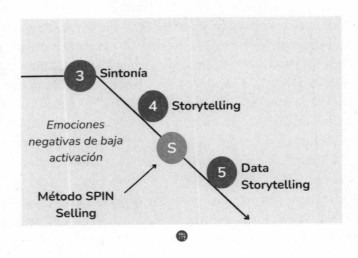

Figura 20.

CEREBRO TRIUNO

Nombre acuñado por el psicólogo Paul Mac Lean en los años sesenta del siglo XX. Se refería a que los seres humanos tenemos tres cerebros no conectados: el racional, el emocional o límbico y el reptiliano. Años más tarde, se le añadió más complejidad a su teoría al descubrir que los tres cerebros sí que se encontraban fuertemente interconectados. Veamos una representación en la figura 21:

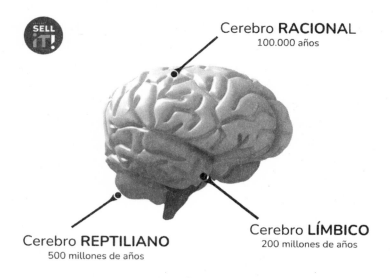

Figura 21.

El proceso de decisión de los seres humanos apenas ha cambiado desde hace miles de años. La evolución de nuestro neocórtex ha focalizado nuestra atención y los vendedores nos dirigimos casi exclusivamente a él. En mi experiencia capacitando equipos, he observado estos comportamientos:

1. Hablamos de nuestro producto o servicio nada más comenzar la visita y sin haber generado sintonía previamente.

2. Presentamos nuestro producto al principio sin haber despertado todavía interés alguno ni tensión narrativa.

3. Abusamos de componentes racionales en nuestras presentaciones.

Los vendedores nos expresamos mayormente en el lenguaje verbal elaborado desde el cerebro racional. Datos, características y estadísticas pueblan nuestras presentaciones. Cometemos un error tremendo cuando obviamos dos de los cerebros que deciden más del noventa y cinco por ciento de las decisiones de compra. Y lo hacen entre siete y diez segundos antes de que el cerebro racional sea conocedor de la decisión tomada. ¿Somos conscientes de este enorme desperdicio de oportunidades? Una vez que nuestros dos cerebros primitivos nos han etiquetado, el racional se encargará de refrendar esta decisión. A esto se le llama congruencia. Nuestros cerebros antiguos primitivos solo entienden un lenguaje, el analógico, no el digital. Desdeñar a los dos cerebros que toman las decisiones es una temeridad que puedes pagar muy cara. Nuestro guardián del castillo te puede catalogar, muy rápidamente, como alguien en quien confiar, o como alguien de quien debes temer lo peor. ¿Y qué son las ventas sino el establecimiento de relaciones de confianza y de futuro? A tenor del tiempo que le dedicamos al lenguaje analógico de nuestros dos cerebros primitivos, este no debe ser importante.

Los mejores vendedores invierten mucho tiempo en ganarse la confianza de nuestro guardián antes de proseguir su visita. Causar una primera buena impresión es fundamental. De ello dependerá en gran medida el resultado. Esta primera impresión se realiza de manera inconsciente y muy rápida, en menos de un segundo. Por ello, en mis talleres trabajo mucho esta parte. No habrá una segunda oportunidad para causar una primera buena impresión. Una vez que hemos sido catalogados como «no confiables», nada de lo que hagamos para subsanarlo servirá. Es crucial preparar, antes de la visita, los primeros pasos, nuestro lenguaje no verbal y esas primeras palabras. El lenguaje verbal y el no verbal deberán estar perfectamente alineados. Si no lo están, el guardián lo detectará rápidamente y nos expulsará de la fortaleza sin dudarlo. Para generar confianza en estos primeros segundos hay un arma extremadamente poderosa: la sonrisa. Saber utilizarla correctamente es un haber al que no le damos la importancia que tiene. Hay más elementos que aportan en la seducción del cerebro vigía. Especialmente hay un factor que rompe la sintonía antes de empezar: llegar tarde. ¡Cuidado con este tema! Cuando era joven no me tomaba en serio el llegar puntual a las citas con los amigos, familia o colegio. Siempre calculaba mal el tiempo que invertiría en llegar a mi destino. Todo eso cambió cuando empecé a trabajar en este sector. En mis inicios me enseñaron que llegar a la hora era una señal de respeto. Más tarde aprendí que también era una muestra de empatía: tu tiempo vale lo mismo que el mío. Tras más de veinticinco años de experiencia profesional, he podido comprobar cómo distintas figuras dentro del mundo comercial no tienen en cuenta que llegar puntual es el inicio de una relación, que es una manera de decir «¡Me importas!». Es una muestra de confianza y rigor profesional. Hoy me sienta muy mal quedar con alguien y que este se retrase, poner una hora para el inicio de una formación y que los alumnos no solo lleguen tarde, sino que no sean recriminados por ello. Incluso cuando visito a clientes, si este tarda más de quince minutos en recibirme (tras cita y hora acordadas), me voy y dejo mi tarjeta. Lo más sorprendente viene ahora: más del noventa por ciento de las personas a las que dejo la tarjeta ¡No llaman!

Este tema puede que te parezca menor, pero tu tiempo no vale ni más ni menos que el de tu cliente. Un vendedor no va a pedir limosna, acude para mejorar su empresa. Si no me quiere recibir, es su problema, no el mío. Llegar tarde sistemáticamente es una muestra de poca valoración hacia tu trabajo. Si esto sucede repetidamente, plantéate la idoneidad de ese cliente. Trabajar los tres cerebros, y hacerlo en el orden y proporción adecuados, es todo un arte. Existe un gran trabajo en los equipos de venta a la hora de educarlos en el orden y el porcentaje de datos que deben contener sus discursos. La sintonía, el storytelling y el data storytelling del Método, tratan de corregir este error cometido por muchos.

9. Transformación digital y digitalización del vendedor

Este capítulo lo ha escrito mi socio de Ventas Híbridas, Albert Ramos Catalán. Hace más de diez años, comprendió que debía sumergirse en el mundo digital de la mano de técnicos expertos en la materia. Sentía la necesidad de complementar su experiencia analógica con el conocimiento de herramientas digitales que le convertirían con el tiempo en un vendedor más completo. En un vendedor híbrido. Y lo hizo mucho antes que la eclosión del mundo digital que estamos viviendo actualmente. Te dejo con Albert.

En este capítulo del libro, voy a desarrollar el concepto de digitalización del vendedor. La «Transformación digital» es un término que abarca a toda la empresa, lo que implica que el profesional debe embarcarse en su propia transformación para mantener su competitividad. Antes de avanzar en términos digitales, es recomendable que este realice un ejercicio de reflexión temporal. Le invito, por lo tanto, a dar un paso atrás en el tiempo para emprender un viaje retrospectivo hacia el pasado. Esta travesía es una oportunidad para recordar y repasar todas las experiencias que le han llevado hasta este punto.

Hacerlo es esencial para comprender cómo encajará su experiencia analógica en el entorno digital.

Profundicemos en el tema. Para entender mejor el mundo digital y su aplicación en el trabajo del vendedor, es fundamental conocer nuestras raíces y de dónde venimos en términos de ventas y tecnología. Aquí encontramos unos actores principales: los buscadores.

¿QUÉ ES UN BUSCADOR Y PARA QUÉ SIRVE?

Un buscador es un sistema informático diseñado para localizar y recuperar información en la «World Wide Web (www)» y otros repositorios digitales. Su función principal es facilitar la búsqueda y acceso al contenido en línea de manera eficiente. Las funciones clave de un buscador son:

a. Rastreo: utilizan programas llamados «arañas web» o «crawlers» para explorar y recopilar información de páginas web en todo Internet. Estas arañas siguen enlaces de una página a otra para indexar contenido nuevo y actualizado.

b. Indexación: después de rastrear una página, el buscador almacena la información recopilada en una base de datos llamada índice. Esto permite una búsqueda más rápida y precisa cuando los usuarios realizan consultas.

c. Procesamiento de búsquedas: cuando un usuario ingresa una consulta en el buscador, este procesa la solicitud y rastrea en su índice para encontrar resultados relevantes. Utiliza algoritmos para clasificar y mostrar los resultados de manera significativa.

d. Presentación de resultados: estos se muestran al usuario en una página de resultados de búsqueda. Por lo general, se ordenan por relevancia y se pueden incluir enlaces, descripciones y otros detalles útiles.

e. Navegación a páginas web: los usuarios pueden hacer clic en los resultados para acceder a las páginas web que contienen la información que necesitan. El buscador redirige al usuario al sitio web correspondiente.

En resumen, un buscador es una herramienta esencial en la era digital que permite a las personas encontrar información en Internet de manera rápida y eficiente al rastrear, indexar y procesar la vasta cantidad de contenido en línea.

¿QUÉ IMPORTANCIA TIENEN LAS PALABRAS PARA LOS BUSCADORES?

Las palabras son de vital importancia. Sin ellas, no existiría clasificación alguna y tampoco resultados de búsqueda. Estas son algunas de las razones por las cuales las palabras son fundamentales en el funcionamiento de los motores de búsqueda:

1. Relevancia: los buscadores evalúan la relevancia de las palabras clave en relación con la consulta del usuario. Cuando alguien realiza una búsqueda, el motor de búsqueda busca páginas web que contengan las palabras clave específicas que el usuario ingresó. Cuanto más relevantes sean estas en el contenido de una página, más alta será su posición en los resultados.

2. Indexación: los buscadores utilizan palabras clave para indexar y categorizar páginas web y contenidos. Cuando rastrean una página, identifican y almacenan las palabras clave en su índice. Esto permite que el buscador

recupere rápidamente páginas valiosas cuando se realiza una búsqueda que coincide con esas palabras clave.

3. Algoritmos de Búsqueda: los algoritmos de los motores de búsqueda están diseñados para analizar y comprender el significado de las palabras clave en el contexto del contenido de la página. Esto les permite proporcionar resultados de búsqueda más precisos y relevantes para los usuarios.

4. Optimización SEO: para mejorar su visibilidad en los resultados de búsqueda, los creadores de contenido utilizan estrategias de optimización de motores de búsqueda (SEO) que incluyen la incorporación de palabras clave relevantes en el contenido. Esto ayuda a las páginas web y a sus contenidos a clasificarse mejor en las búsquedas relacionadas con esas palabras clave.

Podemos decir, por lo tanto, que las palabras son esenciales para que los buscadores funcionen correctamente, ya que permiten la coincidencia de consultas de usuarios con contenido relevante en una página web, blog, «landing page», etcétera. La forma en la que se utilizan las palabras clave en el contenido y la forma en la que se relacionan con las consultas de búsqueda, son factores críticos para determinar la visibilidad y la clasificación en los resultados que muestran los buscadores.

¿QUÉ ES EL SEO?

El SEO, o *Search Engine Optimization* (Optimización para Motores de Búsqueda), es un conjunto de estrategias y técnicas diseñadas para mejorar la visibilidad y el posicionamiento de un sitio web en los resultados de búsqueda de motores como Google. El objetivo principal del SEO es el de aumentar la cantidad y la calidad del tráfico orgánico que un sitio web recibe. De ese modo, los usuarios llegan a él de forma natural a través de búsquedas en línea. Las estrategias de SEO incluyen: la optimización de palabras clave, la creación de contenido de alta calidad y relevante, la mejora de la estructura y la navegación del sitio, la obtención de enlaces de calidad y la optimización de aspectos técnicos tales como la velocidad de carga y la adaptación a dispositivos móviles. Todo esto se hace con el fin de que el sitio web aparezca en las primeras posiciones de los resultados de búsqueda cuando los usuarios necesitan información relacionada con su contenido. En resumen, el SEO es fundamental para aumentar la visibilidad en línea de un sitio web y atraer visitantes interesados en su contenido y en sus productos y servicios.

EL SEO Y SU RELACIÓN CON LAS VENTAS.

La relación entre el SEO y las ventas es significativa y directa. Desempeña un papel fundamental en el proceso de generación de ventas. Todos hemos comprado o compramos habitualmente productos en Internet. Mediante el posicionamiento orgánico, una empresa vendedora aparece cuando un comprador, que todavía no la conoce, la está buscando.

Es relevante destacar que, en muchas ocasiones, los compradores no buscan a una empresa en particular, sino una solución que satisfaga sus necesidades. En este contexto, el SEO se convierte en una herramienta poderosa para conectar a los vendedores con un público interesado en los productos o servicios que ofrecen, aumentando así sus oportunidades de venta. El SEO aumenta la visibilidad de los productos y servicios que comercializa una empresa. Esto significa que las marcas necesitan ganar su cuota de visibilidad en Internet. Y ese objetivo no puede conseguirse a cualquier precio. Aquí es donde entra en juego la calidad del trabajo del vendedor y de la marca a la que representa y el trabajo en equipo con los marketeros. El SEO no solo trata de aumentar la visibilidad en línea, sino que también está estrechamente relacionado con la generación de ventas. Atrae tráfico de calidad, mejora la credibilidad y facilita, en gran medida, la toma de decisiones de compra. Es una parte esencial de la estrategia de marketing digital para impulsar el crecimiento de las ventas de una compañía. ¿Qué le interesa saber a un vendedor acerca de las palabras clave y el posicionamiento orgánico (SEO)? No nos volvamos locos. No es necesario que el comercial sea un experto en SEO. Sin embargo, un vendedor híbrido, es decir, un profesional de la venta que se ha digitalizado y, sobre todo, se ha transformado, comprende la relevancia que tienen las palabras en un mundo digital. Estas describen los beneficios y las necesidades de los productos y/o servicios que comercializa y son utilizadas por los buscadores para que, compradores y vendedores se encuentren en el amplio ecosistema digital. Es fundamental para un profesional actual asegurarse de que las palabras clave que utiliza tengan demanda en Internet. Esto se debe a que, si nadie las busca, su estrategia digital no llegará a un público relevante. En el peor de los casos, no llegará a nadie. Aquí hay algunos puntos clave relacionados con este aspecto:

a. Investigación de palabras clave: el vendedor debe realizar un estudio de palabras clave para identificar las frases y términos que utilizan los compradores al buscar productos o servicios relacionados con su negocio. Esto puede ayudar a entender lo que busca la audiencia y adaptar, en consecuencia, la estrategia de ventas.

b. Relevancia y popularidad: Es importante que las palabras clave sean significativas para el negocio y tengan suficiente popularidad en las búsquedas. Utilizar herramientas de análisis para estas palabras ayuda a determinar su nivel de competencia. Un vendedor híbrido comprende las necesidades de su audiencia y lo logra mediante el uso de herramientas especializadas que mejoran su desempeño diario. Estas revelan que el comportamiento de los clientes varía notablemente entre el mundo físico y el entorno digital.

A continuación, haré una clasificación de las palabras clave, según su intención de búsqueda, en cuatro categorías principales.

1. Informativas: indican que el usuario está buscando información o respuestas a preguntas.
2. Navegacionales: sugieren que el usuario busca un sitio web o una página específica. A menudo, incluyen el nombre de una marca o empresa.
3. Comerciales: los usuarios están interesados en comprar y están investigando sobre marcas, productos y/o servicios.
4. Transaccionales: indican que el usuario está listo para realizar una acción, como comprar un producto o un servicio. Está en la fase final de su decisión de compra y busca información específica sobre productos o servicios.

Las palabras clave comerciales y transaccionales son cruciales para aumentar las conversiones, ya que atraen a visitantes que están más propensos a realizar una compra. Optimizar el contenido relacionado con estas palabras clave puede mejorar la tasa de conversión de un vendedor, es decir, le ayudan a vender. Conocer muy bien estas categorías y el funcionamiento del mundo digital, permite a los especialistas en marketing y SEO comprender mejor las intenciones de los usuarios y les da la oportunidad de optimizar, en consecuencia, el contenido y las estrategias digitales a seguir.

Los profesionales del marketing y el SEO, tienen mucha información sobre intenciones de búsqueda y palabras clave relacionadas con ventas. Sabiendo esto, desde Ventas Híbridas se nos ocurre la siguiente pregunta:

¿Por qué los vendedores no están más involucrados en la creación de estrategias digitales de venta a pesar de la vital importancia de las palabras clave y el SEO en el entorno digital? Además, ¿qué provoca que muchos de ellos no estén al tanto de la existencia de estas herramientas y, por lo tanto, no comprendan su relevancia en el desempeño de su labor?

La falta de participación de los vendedores en la definición de estrategias digitales de venta, unido a su desconocimiento de las palabras clave y el SEO, puede atribuirse a varios factores:

1. Falta de conocimiento digital: muchos vendedores tradicionales pueden carecer de conocimiento en marketing digital y SEO, ya que estos son campos relativamente nuevos para ellos, excesivamente técnicos y están en constante evolución.

2. Resistencia al cambio y hacia lo digital: algunos vendedores pueden resistirse a adoptar nuevas estrategias. Prefiriendo métodos tradicionales que ya conocen y con los que se sienten más cómodos.

3. Separación de roles: en algunas organizaciones las funciones de marketing digital y ventas pueden estar separadas, lo que dificulta la colaboración y la comprensión mutua de las estrategias.

4. Necesidad de capacitación: las empresas a menudo no proporcionan capacitación adecuada en marketing digi-

tal a sus equipos de ventas, lo que puede dejar a estos profesionales en desventaja.

5. Enfoque en el corto plazo y en los resultados inmediatos: los vendedores a menudo se centran en lograr resultados a corto plazo. Aprender qué es el SEO a nivel conceptual y qué relación e importancia tienen las palabras clave en la venta requiere tiempo dedicado a formarse y también a capacitarse como vendedor híbrido.

Para superar estos desafíos, es esencial que las empresas fomenten la formación, la capacitación y la colaboración entre sus equipos de ventas y marketing digital. La conciencia de la importancia del SEO y las palabras clave en la transformación digital del vendedor debe promoverse y reforzarse a nivel organizacional. Esto les permitirá seguir siendo competitivos. De esa capacitación dependerá, por lo tanto, que estos alcancen unos buenos resultados de venta hoy y mañana.

10. El futuro de las ventas

Este es un titular muy ambicioso y quizás no se ajuste a la realidad. No pertenezco a la casta de los visionarios que lo saben todo. Tampoco me he comprado una bola de cristal en el bazar de la esquina. Este es un ejercicio de ficción. Aun así, existen varias señales que nos indican la dirección que van a tomar las ventas en los años venideros. Lo digital nos está transformando por dentro, nuestras conductas ya no son las mismas, los nativos digitales tienen su propio código y la comunicación presencial está disminuyendo de manera firme y sostenida. En los últimos cinco años, el cambio que están experimentando las ventas es mayor que el de los veinticinco precedentes. La incertidumbre se ha instalado en las empresas de todos los sectores. El mundo cada vez va más deprisa. Lo que funcionaba ayer, no tiene por qué hacerlo hoy. Los negocios con productos de alta penetración en el mercado tienen miedo de lo que les puede pasar si no se actualizan. Sin ir más lejos, el otro día, uno de mis clientes de formación me expresó su preocupación por la manera de abordar a una generación nacida con el móvil en la mano. Los viejos hábitos como comer con un cliente potencial ya no son bien vistos y cuando lo propones te responden de manera lacónica con un «¿Para qué quieres comer conmigo? ¿No lo podemos resolver ahora?». Los clientes de hoy han cambiado, así como sus procesos de compra y preferencias. Pregúntaselo a Nokia, Blackberry y a Kodak por citar solo algunos ejemplos. Nos centramos en nuestros procesos comerciales, pero no caemos en la cuenta de que los canales de comunicación empleados hoy ya no son los mismos. Hay muchos más, con más ruido y menos paciencia. Ante esta tesitura, el cliente milenial quiere síntesis, no el clásico rollo al que los sometíamos con anterioridad. Es la única manera de contactar con él: breve y conciso. Directo, al grano y en remoto. Las ventas se están transformando mucho más rápidamente que la capacidad de adaptación de las empresas. Las nuevas generaciones nacen ya con requisitos concretos y diferentes a los nuestros. Adaptarnos a ellos nos exige una actualización constante, nos obliga a avanzar en el camino de la transformación digital y nos impele a adquirir competencias nuevas para las que no hemos sido formados, ni en la universidad, ni en las escuelas de negocio, ni en nuestra empresa. Los nuevos consumidores están modelando el mercado a su gusto, están exigiendo a las empresas que se adapten a ellos y están dirigiéndose a un territorio donde cada vez hay menor contacto interpersonal. Esto genera una tensión, no solucionada todavía, entre lo humano y lo tecnológico. Resulta paradójico que, ante el avance de las herramientas y ante las conquistas de lo digital, se haga necesaria la intervención del factor humano para conseguir destacar y sobresalir sobre la masa viscosa de marcas indiferenciadas. Este es el que seduce el talento, lo atrae y dota a las marcas de personalidad. Todo lo importante sucede en el territorio analógico. Cada generación posee unas preferencias concretas y se han desarrollado en unas sociedades que demandaban unos bienes y servicios específicos:

- *Baby boomers* (1949-1968)
- Generación X (1969-1980)
- *Millennials* (1981-1993)
- Generación Z (1994-2010)

Los *millennials* y la generación Z son seres humanos. No lo debemos olvidar por el bien nuestro y de nuestras organizaciones. Cada una de ellas nació en décadas en las que las ventas se ejercían de una manera específica. Yo pertenezco a la generación *Baby boom* (por los pelos no soy un X-Man). En esa época, y hasta principios del 2000, no existían ni las redes sociales, ni los ordenadores personales, ni tampoco Google. La primera vez que trabajé con un PC fue en 1991 con un Apple. Mi primer móvil lo tuve en 1998 y no te quiero ni contar el ladrillo que era. No existían los CRM y las webs todavía no se habían popularizado. Las ventas eran cien por cien analógicas. Mi generación, la X, y los *Millennials*, han seguido funcionando de manera, casi exclusivamente, analógica. Es cierto que haber nacido en la Generación Z no lleva aparejada necesariamente la utilización correcta de las herramientas digitales, pero ellos ya son nativos de esta tecnología y han nacido con un móvil en la mano. Venderles requiere de habilidades tecnológicas nuevas y de una adaptación a su modo de compra. No podemos seguir pensando y funcionando como cuando todo esto no existía. Según sostiene Xavier Marcet: «El dato más importante procede de mirarle a los ojos a tu cliente»

Volviendo al tema que nos ocupa, me surge una pregunta: ¿Hacia dónde se dirigen las ventas? Acabo de leer «Señales». Un libro de Jeff Desjardins que recoge infinidad de datos acerca de cuál va a ser la evolución de la sociedad y de los mercados en los próximos años. También habla de nuestra profesión.

Daré algunos datos que son una señal de alarma para los que se aferran al mundo de ayer con todas sus fuerzas:

1. El 78 % de los consumidores que realizaron su compra con carteras digitales están interesados en realizar compras a través de canales sin personal. Fuente: Capgemini (2020).
2. El 67 % de los que se sienten cómodos con la automatización de las compras son los *Millennials*. Fuente: Capgemini (2020).
3. En el año 2024 se invertirán 110.000.000 de dólares en inteligencia artificial. Fuente: International Data Corporation (2019-2020).
4. En el 2019, la publicidad digital facturó 124.600 millones de dólares, frente a los 70.600 millones de la publicidad en televisión, a los 17.900 millones de la radio y los 14.800 millones de los periódicos. Fuente: PwC (2020).
5. Las ventas *online* crecen exponencialmente en detrimento de los grandes minoristas del retail (comercio). En el 2023, se estimó que el comercio minorista facturaría 0,238 billones de dólares frente a los 1,2 billones de las tiendas *online*. Los comercios están sufriendo de lo lindo. Si no se adaptan rápido, van a tener serios problemas. Fuente: Oficina del Censo de Estados Unidos, a partir del Business Insider (2020) y eMarketer (2021).
6. En Estados Unidos se da un dato de lo más elocuente. Frente al descenso paulatino en el número de diarios en papel (1.279), el estancamiento en el número de cadenas de televisión (1.761) y el crecimiento moderado de las cadenas de radio (15.451), está el enorme desarrollo de los sitios web (1.900 millones) y de los usuarios de redes sociales (4.300 millones). Fuente: Statista (2019,2020), Internet Live Stats (2021), We Are Social (2021).
7. La población envejece y la esperanza de vida aumenta. En Europa y Estados Unidos, la población por encima de los sesenta y cinco años aumentará considerablemente.

Pasaremos de doscientos millones en 2019 a doscientos noventa y seis millones en 2050. Fuente: Naciones Unidas 2019.

8. La clase media aumenta en todo el mundo. El gasto crece de los treinta y cinco billones de dólares en 2017, a los sesenta y cuatro billones en 2030. Fuente: Kharas 2017.

Estos son solo algunos de los datos que nos indican la tremenda revolución que se está dando en los mercados. Antes, el poder lo tenían los medios de comunicación tradicionales como la radio, prensa y televisión. Hoy lo tienen los grandes gigantes tecnológicos. Las grandes plataformas como Amazon, Apple, Alphabet, Microsoft, Meta y X, por citar algunas, han cambiado las reglas del juego. El dinero está fluyendo sin remisión hacia el mundo digital de las grandes tecnológicas. El control de la información es una lucha sin cuartel entre las grandes potencias mundiales y las empresas. El rastro que dejamos en nuestra navegación digital permite a las marcas personalizar su oferta y bombardear nuestros dispositivos móviles. La mayor parte de las compras *online* se realizan a través del teléfono móvil. El ser humano es cómodo por naturaleza, por lo que la compra sin personas se perfila como una tendencia global que afectará a las redes de venta. Los procesos comerciales de las empresas se deberán adaptar a los procesos de compra de los clientes. Las grandes superpotencias invierten en I+D+i el doble de veces que sus seguidoras. Según Price Waterhouse Cooper, en su estudio de 2020, China y Estados Unidos pugnarán por la supremacía digital. Son los dos países que más invertirán. China lo hará en la cantidad de siete billones de dólares, mientras que los Estados Unidos en casi cuatro billones de dólares. El norte de Europa invertirá casi dos millones.

TENDENCIAS

1. Aumento de la digitalización.

Las ventas sufrirán una imparable transformación digital. O nos adaptamos o moriremos sin llegar a la orilla. Sigamos nadando. Sigamos aprendiendo.

2. Nuevos modos de compra.

La omnicanalidad ha llegado para quedarse. Podremos comprar en las tiendas *online*, en las aplicaciones, en los lineales de los supermercados mediante códigos que capturaremos con el teléfono y también veremos la interrelación entre distintos canales de compra. Nuestro móvil será el rey y deberemos adaptar nuestros procesos de venta a este dispositivo. De manera sencilla e intuitiva.

3. Globalización.

China pugna con Estados Unidos en la captura de usuarios y compradores. TikTok abrió la veda. Cada vez veremos más productos chinos que no han nacido, como sucedía hace veinte años, como copias de otras marcas. Hoy son ellos los que crean y nosotros los que compramos. El coche chino de combustión fue el más vendido en España en 2022 y ahora, con la ayuda del gobierno chino, está asomando su coche eléctrico. Nos esperan grandes cambios y grandes regulaciones.

4. Nuevos perfiles.

Debemos conocer los hábitos de compra y las preferencias de los nuevos consumidores. Las nuevas generaciones se comportan diferente, consumen distinto y acuden a foros concretos para encontrar lo que buscan. Las recomendaciones dadas en las redes sociales y el boca-oreja cobran más importancia día tras día. Si no estás en ellos, pierdes la oportunidad de venderles.

5. Ventas crecientes en el formato digital.

Cada vez se va a comprar más en tiendas *online* y menos en tiendas físicas. Los comercios que no se adapten a los nuevos tiempos, sencillamente, desaparecerán. Las empresas deberán tener tiendas *online* competitivas y bien construidas. Las ventas se deberán realizar de la manera más fácil posible. Deberemos ser capaces de construir comunidades digitales desde la autenticidad. La fidelización de nuestros clientes es más difícil. Crear canales de comunicación con ellos es de vital importancia.

6. Los vendedores digitales aprenderán a vender en analógico.

Usar la tecnología para vender está muy bien, pero no es suficiente. Trabajar con automatizaciones y con herramientas en las que no se ve la cara del cliente es poco eficiente. Utilizar la automatización de correos en función de las fases de la compra en la que se encuentra el usuario se hace, no siempre, de manera correcta. Pero la construcción de relaciones y futuro se hace en el territorio físico. Aprender herramientas analógicas será una capacitación que cada vez demandarán más las empresas técnicas y tecnológicas.

7. Los vendedores profesionales serán, cada vez, más híbridos.

Hoy en día, la distancia al territorio híbrido es grande. Los vendedores profesionales poco a poco están incorporando herramientas digitales que les convierten en mejores profesionales. Demandarán más capacitaciones para el buen uso de dichos recursos. La aparición de nuevas herramientas digitales será algo continuo que crecerá de manera exponencial. Discernir cuáles son las que mejor sirven a nuestros clientes es una competencia nueva que tendremos que adquirir.

8. Aislamiento por la tecnología.

Existen multitud de investigaciones que confirman que el bienestar del trabajador está directamente relacionado con la interrelación con sus compañeros. Lo hemos visto en la entrevista que le he realizado en el primer capítulo a Carlos Spontón. Variables como el «Engagement» que hemos visto en este libro aparecen, mucho más difícilmente, en trabajadores que ejercen su labor en remoto. Trabajar solos va en contra de la creatividad y del bienestar emocional de los miembros de la empresa.

Durante la pandemia hablé con muchos trabajadores que ejercían su labor en remoto. Querían volver a rozarse con sus compañeros. ¿Qué prefieres, ver un vídeo de tu grupo favorito, o ir a verlo a un concierto? En tu respuesta está la preferencia, a veces olvidada, que tenemos las personas de mezclarnos en el territorio físico. Trabajar conectados a nivel digital en un cien por cien de tu tiempo va en contra del desarrollo de una marca humana y del sentimiento de identificación de los trabajadores con el ADN de la empresa. El trabajo en remoto es una derivada que nos ha traído la pandemia. La flexibilidad laboral aporta ayuda a conciliar, pero su uso extremo elimina todo lo importante: las personas. La digitalización extrema destierra la variable humana de la ecuación. Existen, cada vez, más estudios que correlacionan salud mental y trabajo en remoto. En este momento es cuando más conectados estamos por redes y, sin embargo, más aislados nos sentimos.

Según la Organización Mundial de la Salud, las relaciones significativas disminuyen y la depresión en 2020 se convirtió en la primera causa de baja laboral en el mundo (el cinco por ciento de la población mundial la padece).

Esto nos lleva a una serie de reflexiones que debemos abordar como sociedad y que debemos tratar en nuestros equipos. Los vendedores somos seres humanos y, aunque parezca un dato de perogrullo, no siempre es tan observado en los comportamientos de las organizaciones. Somos una persona en casa y también en el trabajo; nos comportamos atendiendo a una amalgama de emociones, pensamientos, situaciones y entornos. Todo eso nos influye porque somos más permeables de lo que nos creemos. Esa tensión entre lo digital y lo humano irá en aumento. Lo digital nos ayuda y nos complementa, pero no debe eliminar lo analógico y tampoco constituye un objetivo en sí mismo. Nuestro objetivo es el de ayudar al cliente a mejorar su mundo. Este pacto se hace entre personas en un territorio: el analógico. Existe también el camino inverso, que no hace otra cosa que acreditar la necesidad de un mundo híbrido, y que ponen de manifiesto los dos grandes operadores digitales, Amazon y AliExpress. Se están dando cuenta de que aparcar lo humano es un error. Han llegado a la conclusión de que el cliente busca experiencias completas, y estas solo se dan con la integración de ambos mundos. Renunciar a lo humano es cavar tu tumba.

Grandes cambios están por venir. La implementación en ventas del metaverso, la Inteligencia Artificial y la Realidad Aumentada, por citar solo algunas, es algo que vamos a poder constatar en los años venideros. Pero nos equivocaríamos si le diéramos un carácter androide a los procesos comerciales. Están bien los datos, pero también hay que tener en cuenta qué es lo que busca el ser humano desde que nace: el amor.

Podría decir que la bola de cristal la he comprado en los chinos, pero con el tiempo serán incluso más fiables que las bolas occidentales. Así que no te confíes en exceso de estas predicciones. La realidad siempre nos sorprende. Estemos preparados, lo mejor que podamos, para afrontar los retos a los que nos vamos a enfrentar en un futuro próximo.

9. Las fronteras entre las ventas B2B y B2C se difuminan.

La clásica frontera que se establecía entre las ventas B2B (de negocio a negocio) y las B2C (de negocio a cliente final) cada vez es más difusa. Si realmente queremos ayudar a nuestros clientes B2B, deberemos comprometernos más con ellos y apoyarles para vender sus productos. La gestión no acabará con la clásica entrega de tu producto, sino que deberás ayudarle a crecer. Y con él, también crecerás tú. Las industrias farmacéuticas norteamericanas se han dado cuenta de esto. Se dirigen a los pacientes mediante sus contenidos para que estos influyan sobre los prescriptores (médicos) y también van enfocados directamente, como lo hacían siempre, a los prescriptores.

Te cuento una anécdota con uno de mis clientes.

Este vendía a instaladores (negocio B2B). Si la gestión acabara allí, sus posibilidades de crecimiento quedarían supeditadas a la capacidad de vender a estos. Si ayudáramos a nuestros instaladores a ser más profesionales en ventas, repercutiría positivamente en mi negocio, ya que sus compras aumentarían. Mi cliente lo entendió.

Dirigirse de manera exclusiva al negocio B2B o al B2C, ya no tiene sentido en un mundo tan interconectado y global. Trabajar todo el vertical será una de las acciones que cada vez veremos más en todos los sectores y países.

Epílogo

Hemos llegado al final. Te agradezco que me hayas acompañado en este viaje. Espero que te haya arrojado algo de luz en tu profesión. Ahora que has recorrido el camino, te dejo solo o sola para que lo continúes por tu cuenta. Si hay algo que te ha resonado, aplícalo inmediatamente porque, de lo contrario, lo olvidarás.

He pretendido dibujar un mapa de situación para que tú, con tus recursos, puedas desarrollarte en esta hermosa profesión de las ventas. Si nunca lo has hecho, te animo a que lo intentes. Si has perdido el brillo de tu ilusión, busca referentes que te puedan iluminar. Si necesitas ayuda, no dudes en contactar conmigo.

Publico post diarios y una newsletter quincenal en LinkedIn: (https://www.linkedin.com/in/iosulazcoz)

Te dejo mis datos:

Correo: ilazcoz@optitud.es; iosu@ventashibridas.com

Webs: www.iosulazcoz.es; www.metodosellit.com; www. ventashibridas.com

¡Que las ventas te acompañen!

Anexo 1

Linkedin de Carlos Spontón: https://www.linkedin.com/in/carlossponton/

Yerbo: https://methods.yerbo.co/

Estudios sobre autoeficacia: https://bit.ly/3PXMa05 ; https://bit.ly/3RZdKNe

Introducción a la Psicología Positiva: https://bit.ly/3Qj15n9

Adaptación a la adversidad: https://bit.ly/45ySZer

Influencia de las emociones positivas: https://unc.live/3rTnPAx

Work engagement: https://bit.ly/3tvIUSe

Dieciséis recursos para aumentar el Work engagement: https://bit.ly/3Fk11Nm

Procesos cognitivos de regulación emocional, burnout y engagement en el trabajo: https://bit.ly/3S5x6jT

Estresores digitales: https://bit.ly/45vGPmu

Resiliencia: https://amzn.to/3QgNY5A

Agradecimientos

Agradezco a mi mujer, Yolanda, el apoyo que siempre me presta cuando empiezo a escribir una obra; a Carlos Spontón y a Albert Ramos por haber colaborado en la redacción de sendos capítulos; a Xavier Marcet por su generosidad a la hora de escribirme el prólogo; Alejandro García, Pablo J. Acuña, David Asensio, José Pascual, Carlos Andreu y Ana Fernández por sus fabulosos testimoniales; a mi editor, Javier Ortega, por haber vuelto a confiar en mí; a María Posadillo por su excelente corrección; a Pepe Arévalo por la excelente atención que brinda siempre que la necesito, y a todas las librerías que me guardan un espacio en sus estantes. A todos vosotros, gracias.

Y, por último, quiero darte las gracias a ti por haber adquirido esta obra y haberla leído. Gracias de corazón.